Nationalhymnen
National Anthems

Hymnes nationaux
Himnos nacionales
世界の国歌

Herausgegeben von / Edited by
Jakob Seibert

Songbook

ED 9904
ISMN M-001-13987-8

www.schott-music.com

Mainz · London · Madrid · New York · Paris · Prag · Tokyo · Toronto
© 2006 SCHOTT MUSIK INTERNATIONAL GmbH & Co. KG, Mainz · Printed in Germany

Our special thanks go to the
Embassies, Departments for Foreign
Affairs and Diplomatic Representatives
of the countries for their help in
providing information material.

Ein besonderer Dank gilt den
Botschaften, Auswärtigen Ämtern
und diplomatischen Vertretern der
jeweiligen Länder für die Hilfe bei der
Beschaffung von Informationsmaterial.

Bestell-Nr. ED 9904
ISMN M-001-13987-8
ISBN 3-7957-5773-8

Foto Cover: Marc Wördehoff
English translation: Julia Rushworth
Traduction française: Martine Paulauskas
Traduzione italiano: Laura Rossi
Traducción en español: Julia Iglesias
Japanische Übersetzung: Yuko Shindo
Redaktion: Wolfgang Birtel
Layout: Stefan Weis

Printed in Germany · BSS 51888
www.schott-music.de

CONTENTS INHALT SOMMAIRE CONTENIDO

EUROPE

THE WORLD

VORWORT · PREFACE · PRÉFACE

Die Nationalhymne ist ein Staatssymbol, gleichrangig mit Staatsflagge oder -wappen. Zahlreiche Nationalhymnen finden ihren Ursprung im 18. und 19. Jahrhundert, als sich nationales Selbstbewußtsein herausbildete. Zumeist entstanden die Lieder zu konkreten historischen Anlässen, wie beispielsweise Staatsgründungen. Die Hymnen haben meist patriotischen Charakter und sind somit Ausdruck der Unabhängigkeit und Eigenstaatlichkeit.

Heute sind Nationalhymnen fester Bestandteil bei Staatsempfängen, ebenso finden die Lieder Verwendung bei großen internationalen Sportveranstaltungen. Das Musikstück erfüllt dabei vorrangig den Zweck, dem Gast einen würdigen Empfang zu bereiten und Ehre zu erweisen. Gleichzeitig vermittelt die eigene Nationalhymne Gemeinschaftsgefühl und ist somit Ausdruck der Identität mit dem Heimatland.

Das vorliegende Buch umfasst eine Auswahl von 50 Nationalhymnen. Es soll dazu anregen, die Vielfalt der verschiedenen Hymnen kennen zu lernen, den Hintergrund zu ihrer Entstehung zu erfahren und zur Textsicherheit beim Singen beitragen.

The national anthem is a symbol of the state, just like the national flag or coat of arms. Many national anthems had their origins in the 18th and 19th Centuries, with the emergence of a sense of national pride. Most of these songs were written for specific historic occasions, such as the founding of a state: the anthems are generally patriotic in character, proclaiming independence and sovereignty.

Nowadays national anthems are a regular feature at state occasions and large-scale international sporting events. The primary function of the music is to provide a dignified welcome and to honour guests. Hearing or singing one's own national anthem conveys a sense of community and identification with one's home country.

This book includes a selection of 50 national anthems. It aims to provide an introduction to the variety of different anthems, information on the background to their composition and a reliable guide to learning the words for singing along.

L'hymne national est un symbole étatique au même titre que le drapeau ou les armes d'un pays. De nombreux hymnes nationaux ont leurs origines aux XVIIIème ou XIXème siècles, fruits de la naissance d'une conscience nationale. La plupart du temps, ces chants voyaient le jour à l'occasion d'événements historiques concrets, par exemple la fondation d'Etats. Ces hymnes ont la plupart du temps un caractère patriotique et sont donc l'expression de l'indépendance et de l'autonomie de l'Etat.

Aujourd'hui, les hymnes nationaux font partie intégrante des réceptions officielles de l'Etat, et ils sont également joués lors des grandes manifestations sportives internationales. La fonction première de ces morceaux est alors d'accueillir dignement l'hôte et de lui faire honneur. En même temps, l'hymne national du pays propre donne un sentiment de communauté, et exprime donc ainsi l'identification avec le pays natal.

Le présent livre réunit un choix de 50 hymnes nationaux. Il se veut inciter à apprendre à connaître la variété des divers hymnes, à découvrir leur genèse, et contribuer à l'assimilation des textes pour pouvoir les chanter.

Jakob Seibert

PREFAZIONE · まえがき · PREFACIO

L'Inno Nazionale è il simbolo dello stato, così come la bandiera o la divisa dell'esercito. Molti inni nazionali hanno la loro origine tra il 18° e 19° secolo, con la necessità di rivalutare lo spirito patriottico. Molte di queste canzoni sono state scritte per celebrare specifici eventi storici, come la fondazione di uno stato: generalmente ispirano senso patriottico, proclamando indipendenza e sovranità.

Attualmente gli inni nazionali hanno un ruolo fondamentale nelle competizioni sportive, è compito della musica dare il benvenuto e onorare gli ospiti. Ascoltare e cantare il proprio inno nazionale accresce il senso di comunità e appartenenza alla propria nazione.

Questo libro contiene una selezione di cinquanta inni nazionali, per apprendere e far risaltare la differenza e la varietà tra i vari inni, con informazioni e curiosità sulle composizioni è un'utilissima guida per imparare a cantarli.

国歌は、国旗や紋章と同様に国家を象徴するものです。多くの国歌は、国としての意識が高まった 18,19 世紀にその起源をたどることができます。ほとんどの国歌は、国家の設立など特別な歴史的行事を機に作曲されました。それらは、一般的に愛国的な性格をもち、国家の独立と主権を謳っています。

今日では、国歌は国の行事や、大規模な国際的スポーツ・イベントにおける恒例の催しとなっていますが、この音楽の第一の役割は来賓への歓迎の気持ちと敬意を威厳をもって伝えることにあります。自分の国の国歌を聴く、あるいは歌うということは自国への連帯感、一体感をもたらすのです。

この本にはさまざまな国の 50 曲の国歌が収録されています。この本のねらいは国歌の多様さやその背景を解説すること、そしてそれらの国歌を自分で歌う際に歌詞を学ぶことのできる信頼できるガイドとなることです。

El himno nacional es un símbolo del estado, como lo es la bandera nacional o el escudo de armas. Muchos himnos nacionales tuvieron sus orígenes en el siglo XVIII y XIX, con la emergencia de un sentido de orgullo nacional. La mayoría de estas canciones fueron escritas para ocasiones históricas concretas, tales como la fundación de un estado: generalmente son de carácter patriótico, y proclaman la independencia y la soberanía.

En la actualidad, los himnos nacionales son un rasgo habitual en ocasiones de estado y en grandes acontecimientos deportivos de escala internacional. La función principal de la música es brindar una bienvenida solemne y hacer los honores a los huéspedes. Oír o cantar el himno nacional de uno confiere un sentido de comunidad y de identificación con el propio país.

Este libro incluye una selección de 50 himnos nacionales. Y pretende facilitar una introducción a la variedad de los diferentes himnos, información sobre el trasfondo de su composición, así como una guía fiable para el aprendizaje de las palabras para cantarlos.

Jakob Seibert

ANGOLA

T: Manuel Rui Alves Monteiro (*1941)
M: Rui Alberto Vieira Dias Mingao (*1939)

Alla marcia

O Pá - tria, nun - ca mais es - que - ce - re - mos os he - róis do qua-tro de Fe - ve -

rei - ro. O Pá - tria, nós sau-da - mos os teus fi - lhos tom -

ba-dos pe - la nos-sa In-de-pen - dên - cia. Hon - ra - mos o pas-sa-do e a nos-sa His-

tó - ria, Con - stru - in - do no Tra-bal - ho o Ho - mem no - vo, Hon -

ra - mos o pas-sa-do e a nos-sa His - tó - ria, Con - stru - in - do no Tra-bal-ho o Ho-mem

no - vo. An-go - la, a - van - te! Re-vo - lu - ção,

pe - lo Po-der Po - pu - lar! Pá - tria U - ni - da, Li - ber-

da - de, um só Po - vo, u - ma só Na - ção!

Im November 1975 wurde Angola von Portugal in die Unabhängigkeit entlassen. Seit dieser Zeit ist „Angola Avante!" („Vorwärts Angola!") die offizielle Nationalhymne der Republik. Die Melodie wurde komponiert von Rui Alberto Vieira Dias Mingao (*1939), der früher Staatssekretär für Sport in Angola war. Der Text in portugiesischer Sprache wurde verfasst von Manuel Rui Alves Monteiro (*1941), einem Mitglied des Angolanischen Schriftstellerverbandes.

Angola was granted its independence by Portugal in November 1975. Since then, "Angola Avante!" ("Forward Angola!") has been the official national anthem of the republic. The melody was composed by Rui Alberto Vieira Dias Mingao (* 1939), a former Secretary of State for Sport in Angola. The Portuguese words were written by Manuel Rui Alves Monteiro (* 1941), a member of the Angolan Writers' Association.

C'est en novembre 1975 que le Portugal accorda son indépendance à l'Angola. Depuis cette époque, «Angola Avante!» («En avant, Angola!») est l'hymne national officiel de cette république. La mélodie fut composée par Rui Alberto Vieira Dias Mingao (*1939), ancien secrétaire d'Etat au sport en Angola. Le texte fut rédigé en portugais par Manuel Rui Alves Monteiro (*1941), membre de l'Union des écrivains angolais.

Offizieller Name / Official Name / Nom officiel: **República de Angola** · Hauptstadt / Capital / Capitale: **Luanda**
Einwohner / Population / Population: **12,3 Mio.** · Fläche / Surface Area / Superficie: **1.246.700 km²**

ARGENTINA

Maestoso

T: Vincente López y Planes (1785-1856)
M: José Blas Parera (1765-1830)

pon - den: ¡Al gran pue - blo ar gen - ti - no, Sa - lud! Sean e -

ter - nos los lau - re - les que su - pi - mos con - se - guir, que su -

pi - mos con - se - guir: co - ro - na - dos de glo - ria vi -

va - - mos O___ ju - re - mos con glo - ria mo - rir. O ju -

re - mos con glo - ria mo - rir, o ju - re - mos con glo - ria mo - rir.

Die argentinische National-hymne wurde im Auftrag der Nationalversammlung im Jahre 1813 gefertigt, als in La Plata die Grundlagen für die Unabhängigkeit des Landes geschaffen wurden. Der Text stammt von Vicente López y Planes (1785-1856), die Musik komponierte der Spanier José Blas Parera (1765-um 1830). Am 11. Mai 1813 wurde das Werk offiziell als Hymne angenommen. Damit war Argentinien die erste lateinamerikanische Republik, die als Staatssymbol über eine Nationalhymne verfügte.

The Argentinian national anthem was commissioned by the National Assembly in 1813, when the foundations for an independent state were established in La Plata. The words were written by Vicente López y Planes (1785-1856) and the music composed by the Spaniard José Blas Parera (1765- 1830). The work was officially adopted as the national anthem on 11 May 1813. Argentina thus became the first Latin American Republic to have a national anthem as a symbol of state.

L'hymne national argentin fut réalisé sur commande de l'Assemblée nationale en 1813, lorsque furent mises en place à La Plata les bases de l'indépendance du pays. Le texte est de Vicente López y Planes (1785-1856), la musique fut composée par l'Espagnol José Blas Parera (1765-vers 1830). L'œuvre devint officiellement l'hymne du pays le 11 mai 1813. L'Argentine était ainsi la première république d'Amérique latine à disposer d'un hymne national en tant qu'emblème de l'Etat.

Offizieller Name / Official Name / Nom officiel: **República Argentina** · Hauptstadt / Capital / Capitale: **Buenos Aires**
Einwohner / Population / Population: **38,5 Mio.** · Fläche / Surface Area / Superficie: **2.780.400 km²**

AUSTRALIA

Maestoso

T/M: Peter Dodds McCormick (1834-1916)

Aus - tra - lians all let us re - joice, for we are young and free, we've gol - den soil and wealth for toil, our home is girt by sea. Our land a - bounds in na - ture's gifts of beau - ty rich and rare, in hist' - ry's page let ev' - ry stage Ad - vance Aus - tra - lia Fair. In joy - ful strains then let us sing Ad - vance Aus - tra - lia Fair.

Seit 1788 verwendete Australien als Nationallied die englische Königshymne. Im Jahre 1977 wurde jedoch „Advance Australia Fair" durch ein Plebiszit zur offiziellen Nationalhymne erklärt. Das Werk setzte sich mit circa 43 Prozent Zustimmung durch, vor „Waltzing Matilda", „God Save the Queen" und „Song of Australia". Die Komposition und der Text stammen von dem Schotten Peter Dodds McCormick (1834-1916). Die Uraufführung fand am 30. November 1878, dem St. Andrew's Day, in Sydney statt.

Australia had used the British national anthem as its national song since 1788. "Advance Australia Fair" was declared to be the official national anthem of Australia in 1977, however, as the result of a nationwide vote. It won with about 43 per cent of the votes cast, beating "Waltzing Matilda", "God save the Queen" and "Song of Australia". Both the tune and the words were written by the Scot Peter Dodds McCormick (1834-1916). The first performance was given in Sydney on 30 November 1878, on St. Andrew's Day.

Depuis 1788, c'est l'hymne royal anglais qui servait de thème national en Australie. En 1977 cependant, à la suite d'un plébiscite, «Advance Australia Fair» fut déclaré hymne national officiel de l'Australie. Cette œuvre l'emporta avec quelques 43 % devant «Waltzing Matilda», «God Save the Queen» et «Song of Australia». Auteur de la composition et du texte est l'Ecossais Peter Dodds McCormick (1834-1916). La première représentation eut lieu le 30 novembre 1878, le jour de la St. Andrew, à Sydney.

Offizieller Name / Official Name / Nom officiel: **Commonwealth of Australia** · Hauptstadt / Capital / Capitale: **Canberra**
Einwohner / Population / Population: **19,7 Mio.** · Fläche / Surface Area / Superficie: **7.692.030 km²**

AUSTRIA

T: Paula von Preradovic (1887-1951)
M: Wolfgang A. Mozart (1756-1791) oder/or Johann Holzer (1753-1818)

Das Lied „Land der Berge, Land am Strome" ist die Bundeshymne der Republik Österreich. Die Melodie ist Bestandteil der Kleinen Freimaurer-Kantate (KV 623) von Wolfgang A. Mozart (1756-1791). Die Komposition stammt Wissenschaftlern zufolge möglicherweise von Johann Holzer (1753-1818). Den Text zur heutigen Nationalhymne Österreichs schrieb die Dichterin Paula von Preradovic (1887-1951). Das Gedicht wurde im Jahre 1946 von der Bundesregierung unter zahlreichen Einsendungen ausgewählt und mit 10.000 Schilling prämiert. Ein Ministerratsbeschluß erhob das Werk am 25. Februar 1947 zur Nationalhymne.

The song "Land der Berge, Land am Strome" ("Land of mountains, land of rivers") is the federal anthem of the Republic of Austria. The melody is part of "The Little Freemasons' Cantata" (KV 623) by Wolfgang A. Mozart (1756-1791). Research has shown that the composition was probably by Johann Holzer (1753-1818). The words to today's Austrian national anthem were written by the poetess Paula of Preradovic (1887-1951). The poem was chosen by the Federal Government from a large number of entries submitted in the year 1946, winning a prize of 10,000 Schillings. It was declared the national anthem by a resolution passed by the Council of Ministers on 25 February 1947.

Le chant «Land der Berge, Land am Strome» («Pays des montagnes, pays sur le fleuve») est l'hymne national de la République d'Autriche. La mélodie est une partie d'une petite cantate maçonnique (KV 623) de Wolfgang A. Mozart (1756-1791). Les chercheurs attribuent cette composition à Johann Holzer (1753-1818). Le texte de l'hymne autrichien actuel est de la plume de la femme poète Paula von Preradovic (1887-1951). Ce texte fut sélectionné par le gouvernement fédéral en 1946 parmi de nombreux envois, et récompensé par une prime de 10.000 Schillings. L'œuvre fut élevée au rang d'hymne national par décision ministérielle du 25 février 1947.

Offizieller Name / Official Name / Nom officiel: **Republik Österreich** · Hauptstadt / Capital / Capitale: **Wien**
Einwohner / Population / Population: **8,2 Mio.** · Fläche / Surface Area / Superficie: **83.858 km²**

BELGIUM

T: Charles Latour Rogier (1800-1885)
M: François van Campenhout (1779-1848)

Allegro

No-ble Bel - gi - que à ja - mais ter - re ché - rie,_____ à toi nos
U bren - gen wij on - ze liefde en ons ver - trou - wen, o dier - baar

cœurs,_____ à toi nos bras._____ Par le sang
volk,_____ o dier - baar land._____ De vaad - ren

pur ré - pon - du pour toi, Pa - trie,_____ nous le ju -
trouw, zul - len wij de toe - komst bou - wen, in vreugd' en

rons d'un seul cri, tu vi - vras!_____ Tu vi - vras, tou-jours grande et
nood os ons hart U ver - pand._____ Groei en bloei tot heil der ge -

bel - le, et ton in - vin - ci - ble u - ni - té_____ au -
slach - ten. Wij rei - ken er-kaar de broe - der hand._____ en

ra pour de-vise im - mor - tel - le, le Roi, la Loi, la Li - ber -
wij - den de vro - me ge - dach - ten aan Vrij - heid, Vorst en Va - der -

té._____ Au - ra pour de - vise___ im - mor - tel - le, le
land._____ En wij - den de vro - me ge - dach - ten aan

Roi, la Loi, la Li - ber - té.___ Le Roi, la Loi, la Li - ber-
Vrij - heid, Vorst en Va - der - land. ___ Aan Vrij - heid, Vorst en Va - der-

té.___ Le Roi, la Loi, la Li - ber - té.___
land.___ Aan Vrij - heid, Vorst en Va - der - land.___

„La Brabançonne" ist die Nationalhymne des Königreiches Belgien. Die Musik wird dem Brüsseler Opern- und Symphonienkomponist François van Campenhout (1779-1848) zugeschrieben, sie wurde im Jahre 1830 verfasst und uraufgeführt. Der Franzose Hippolyte Louis-Alexandre Dechet (1801-1830) mit dem Decknamen Jenneval dichtete den ursprünglichen Text; dieser war jedoch stark von anti-niederländischen Versen geprägt. Jenneval war als Schauspieler, van Campenhout als Musiker am Brüsseler Théâtre de la Monnaie tätig; nach einer Aufführung der Oper „Die Stumme von Portici" (Francois Aubert) kam es zu einem Volksaufstand. Zu jener Zeit stand Belgien noch unter der Herrschaft des Hauses Oranien-Nassau. Wenige Wochen später rief Belgien die erneute Unabhängigkeit aus. Als sich das Verhältnis zu den Niederlanden besserte, verfasste der Staatsmann Charles Rogier (1800-1865) im Jahre 1860 eine neue, gemäßigtere Version, die heute noch gültig ist.

„La Brabançonne" is the national anthem of the Kingdom of Belgium. The music is attributed to François van Campenhout (1779-1848), a composer of operas and symphonies from Brussels; it was written and first performed in the year 1830. The Frenchman Hippolyte Louis-Alexandre Dechet (1801-1830), whose pseudonym was Jenneval, wrote the original text, which was characterised by anti-Dutch verses. Jenneval was known as an actor and van Campenhout as a musician at the Théâtre de la Monnaie in Brussels; the performance of the opera "The Deaf Woman of Portici" (by Francois Aubert) was at the origin of the national uprising. At that time Belgium was still under the rule of the House of Orange-Nassau. A few weeks later Belgium renewed its proclamation of independence. When relations with the Netherlands improved, the Statesman Charles Rogier (1800-1865) wrote a new, more moderate version in the year 1860, which is still used today.

«La Brabançonne» est l'hymne national du Royaume de Belgique. La musique, écrite et représentée pour la première fois en 1830, est attribuée au compositeur bruxellois d'opéras et de symphonies François van Campenhout (1779-1848). Le Français Hippolyte Louis-Alexandre Dechet (1801-1830), au pseudonyme de Jenneval, écrivit le texte d'origine; mais celui-ci était fortement marqué par des vers anti-néerlandais. Jenneval était acteur, van Campenhout musicien au Théâtre de la Monnaie de Bruxelles; la représentation de l'opéra «La Muette de Portici» (François Aubert) y fut à l'origine du soulèvement populaire. A cette époque, la Belgique était encore sous la régence de la Maison d'Orange-Nassau. Quelques semaines plus tard, la Belgique déclarait une nouvelle fois son indépendance. Lorsque les relations avec les Pays-Bas s'améliorèrent, l'homme d'Etat Charles Rogier (1800-1865) écrivit en 1860 une nouvelle version, plus modérée, en vigueur aujourd'hui encore.

Offizieller Name / Official Name / Nom officiel: **Royaume de Belgique / Koninkrijk België** · Hauptstadt / Capital / Capitale: **Brussel /Bruxelles** · Einwohner / Population / Population: **10,3 Mio.** · Fläche / Surface Area / Superficie: **30.528 km²**

BRAZIL

T: Joaquim Osório Duque Estrada (1870-1927)
M: Francisco Manoel da Silva (1795-1865)

Allegro maestoso

be -lo, és for -te, im pá - vi -do co -los - so, E o teu fu -tu -ro es-pe- lha es sa gran-

de - za.___ Ter- ra a-do - ra - da! En- tre ou-tras mil, és tu, Bra- sil, Ó Pá-tria a

ma - da! Dos fi-lhos dês-te so- lo és mãe gen - til, Pá-tria a ma - da, Bra - sil!

Die Nationalhymne der Föderativen Republik Brasiliens hat ihre Ursprünge im 16. Jahrhundert. Die „Bandeirantes", Truppen im Dienst des Königs, sangen Elemente dieser Hymne bereits zu dieser Zeit. Die Musik wurde vom Komponisten Francisco Manuel da Silva (1795-1865) geschrieben und erstmals anlässlich der Thronfolge des zweiten brasilianischen Kaisers Dom Pedro II. im Jahre 1831 öffentlich gespielt. Der heute gesungene Text stammt von dem Dichter Joaquim Osório Duque Estrada (1870-1922). Zur Feier der 100jährigen Unabhängigkeit, wurde der Text am 7. September 1922 offiziell als brasilianische Nationalhymne angenommen.

The national anthem of the Federal republic of Brazil had its origins in the 16th Century. The "Bandeirantes", troops in the service of the King, were already singing parts of this anthem at that time. The music was written by Francisco Manuel da Silva (1795-1865) and played for the first time in public in 1831, on the occasion of the succession to the throne of the second Emperor of Brazil, Dom Pedro II. The words sung today are by the poet Joaquim Osório Duque Estrada (1870-1922). To celebrate 100 years of independence the words were officially adopted as the Brazilian national anthem on 7 September 1922.

Les origines de l'hymne national de la République fédérale du Brésil remontent au XVIème siècle. Les «Bandeirantes», troupes au service du roi, chantaient à l'époque déjà des éléments de cet hymne. La musique fut écrite par le compositeur Francisco Manuel da Silva (1795-1865), et jouée pour la première fois en public à l'occasion de la succession au trône du deuxième empereur brésilien Dom Pedro II en 1831. Le texte chanté aujourd'hui est de la plume du poète Joaquim Osório Duque Estrada (1870-1922). A l'occasion des festivités pour le centenaire de l'indépendance du pays, ce texte fut adopté officiellement le 7 septembre 1922 à titre d'hymne national du Brésil.

Offizieller Name / Official Name / Nom officiel: **República Federativa do Brasil** · Hauptstadt / Capital / Capitale: **Brasília**
Einwohner / Population / Population: **182 Mio.** · Fläche / Surface Area / Superficie: **8.547.404 km²**

CANADA

T:Robert Stanley Weir (1856-1926)
M: Calixa Lavalée (1842-1891)

Moderato

O Ca - na - da! Our home and na - tive land! True pa - triot
O Ca - na - da! Ter - re de nos aï - eux! Ton front est

love___ in all thy sons com - mand. With___ glow - ing hearts we___
ceint___ de fleu - rons glo - ri - eux. Car ton bras sait por - ter l'é-

see thee rise, the___ true north strong and free! From___ far and wide o___
pé - e, il___ sait por - ter la croix. Ton his-toire est une é - po-

Ca - na - da, we stand on guard for___ thee. God keep our land
pé - e des plus bril - lants ex - ploits; et ta va - leur,

glo - rious and free! O Ca - na - da we stand on guard for thee!
de foi trem - pée, pro - té - ge - ra nos foy - ers et nos droits.

O Ca - na - da we stand on guard for thee!
Pro - té - ge - ra nos foy - ers et nos droits.

Die Musik von „O Canada" wurde von dem bedeutenden kanadischen Komponisten Calixa Lavallée (1842-1891) im Jahre 1880 komponiert. Zuerst wurde der französischsprachige Text verfaßt von Sir Adolphe B. Routhier (1839-1920), einem Richter aus Quebec. Die englische und eigenständige Version schrieb Robert Stanley Weir (1856-1926), der in Montreal ebenfalls als Richter wirkte. Seit 1964 ist „O Canada" offizielle Nationalhymne und verdrängte im Laufe der Zeit die britische Königshymne „God save the Queen".

The music to "O Canada" was composed by the prominent Canadian composer Calixa Lavallée (1842-1891) in 1880. The original French words were written by Sir Adolphe B. Routhier (1839-1920), a judge from Quebec. A separate English version was written by Robert Stanley Weir (1856-1926), who also worked in Montreal as a judge. "O Canada" has been the official national anthem since 1964 and over the course of time it has replaced the British National Anthem "God save the Queen".

La musique de «O Canada» fut composée en 1880 par le célèbre compositeur canadien Calixa Lavallée (1842-1891). Sir Adolphe B. Routhier (1839-1920), juge au Québec, écrivit tout d'abord le texte français. La version anglaise, indépendante, est le fait de Robert Stanley Weir (1856-1926), lui aussi juge à Montréal. Depuis 1964, «O Canada» est l'hymne national officiel et supplanta au fil du temps l'hymne royal anglais «God save the Queen».

Offizieller Name / Official Name / Nom officiel: **Canada** · Hauptstadt / Capital / Capitale: **Ottawa**
Einwohner / Population / Population: **32,2 Mio.** · Fläche / Surface Area / Superficie: **9.958.319 km²**

CHINA

T: Tian Han (1898-1968)
M: Nie Er (1912-1935)

Als Nationalhymne der Volksrepublik China gilt der „Marsch der Freiwilligen". Der Dramatiker Tian Han (1898-1968) schrieb den Text um 1932, als Aufruf gegen die japanischen Invasoren. Die Melodie komponierte Nie Er (1912-1935) Anfang 1935. Die Kuomintang-Regierung unter Tschiang Kai-schek verbot zwar das Lied, die Kommunisten hielten jedoch an dem Gesang fest. Am 27. September 1949 wurde das Werk im Zuge der Ausrufung der Volksrepublik China unter Mao Tse-tung vom Nationalen Volkskongress als Nationalhymne anerkannt. Im Jahre 1978 ist der Text zwar verändert worden, doch bestätigte der Volkskongreß am 4. Dezember 1982 die ursprünglich anerkannte Fassung.

The "March of the Volunteers" is used as the national anthem of the People's Republic of China. The dramatist Tian Han (1898-1968) wrote the words in about 1932, as a call to arms against the Japanese invaders. The melody was composed by Nie Er (1912-1935) at the beginning of 1935. The Kuomintang government under Chiang Kai-shek banned the song, but the Communists continued to sing it. On 27 September 1949 the work was recognized as the national anthem by the National Congress when the People's Republic of China was proclaimed under Mao Tse-tung. The words were changed in 1978, but on 4 December 1982 the National People's Congress confirmed the originally recognized version.

Est considéré comme l'hymne national de la République populaire de Chine la «Marche des volontaires». L'auteur dramatique Tian Han (1898-1968) écrivit ce texte vers 1932, appelant à s'élever contre l'invasion japonaise. La mélodie fut composée par Nie Er (1912-1935) au début de 1935. Le gouvernement de Kuomintang sous Tchiang Kai-chek interdit ce chant, mais les communistes le maintinrent. Le 27 septembre 1949, l'œuvre fut décrétée hymne national lors de la proclamation de la République populaire de Chine par le Congrès populaire national sous Mao Tsé-toung. Le texte fut, certes, modifié en 1978, mais le Congrès National Populaire confirma le 4 décembre 1982 la version originale.

Offizieller Name / Official Name / Nom officiel: **Zhonghua Renmin Gongheguo** · Hauptstadt / Capital / Capitale: **Beijing**
Einwohner / Population / Population: **1287 Mio.** · Fläche / Surface Area / Superficie: **9.572.419 km²**

COSTA RICA

T: José María Zeledón Brenes (1877-1949)
M: Manuel Maria Gutiérrez (1829-1887)

Allegro marcial

No - ble pa - tria tu her mo - sa ban - de - ra ex - pre-sión de tu vi - da nos

da: ba jo el lím - pi-do a -zul de tu cie - lo blan-ca y pu - ra des-can - sa la

paz. En la lu-cha te-naz de fe-cun - da la-bor que en ro - je - ce del hom bre la

faz, con qui-sta-ron tus hi - jos, la-brie-gos sen-ci - llos, e-ter - no pres-

ti - gio, es-ti - may ho-nor e - ter-no pres - ti - gio, es-ti - may ho-nor. ¡Sal-ve oh

tie - rra gen - til! ¡Sal-ve oh ma - dre de a-mor! Cuan-do al gu-no pre - ten-da tu glo - ria man-

char, ve-rás a tu pue blo, va-lien te y vi - ril, la_tos-ca he-rra-mien-ta en ar - ma tro-

car. ¡Sal-ve oh pa - tria! tu pró - di - go sue-lo dul-ce a - bri-go y sus ten - to nos

da; ba jo el lím - pi-do a-zul de tu cie - lo ¡vi-van siem-pre el tra-ba-jo y la paz!

„Noble patria, tu hermosa bandera" („Edles Vaterland, Deine schöne Flagge") lautet die Hymne der Republik Costa Rica. Als im Jahre 1852 unter dem amtierenden Präsidenten Juan Rafael Mora ein Empfang von Staatsvertretern aus Großbritannien und den USA bevorstand, wurde der Bruder des Präsidenten, General José Joaquin Mora, mit den Vorbereitungen für das offizielle Programm betraut. Die Hymnen der ausländischen Staatsgäste wurden im Protokoll vermerkt, das Staatslied Costa Ricas fehlte jedoch, da das Land bis zu diesem Zeitpunkt über keine Nationalhymne verfügte. General Mora beauftragte den Direktor des Militärorchesters Manuel María Gutiérrez (1829-1887) drei Tage vor Beginn des Staatsbesuches, eine Hymne zu schreiben. Berichten zufolge soll Mora den Künstler sogar eingesperrt haben, bis die Komposition fertig war. Gutiérrez vollendete das Werk am Morgen des 11. Juni, wenige Stunden vor Beginn des Staatsempfanges. Fortan galt die Komposition als Nationalhymne von Costa Rica. Der heute gültige Text ist bereits die vierte Überarbeitung und wurde von José María Zeledón Brenes (1877-1949) verfaßt. 1900 wählte man diese Textfassung nach einem ausgeschriebenen Wettbewerb und bestätigte sie offiziell im Jahre 1949.

"Noble patria, tu hermosa bandera" ("Noble Fatherland, Your Beautiful Flag") are the words of the national anthem of the Republic of Costa Rica. When President Juan Rafael Mora was preparing to receive state representatives from Great Britain and the USA in 1852, the President's brother, General José Joaquin Mora, was entrusted with the preparations for the official visit. The anthems of the guests of state were featured on the programme, but the anthem of Costa Rica was missing, because until then the country had no national anthem. Three days before the beginning of the state visit, General Mora assigned the director of the military orchestra Manuel María Gutiérrez (1829-1887) to write a national anthem. According to reports, Mora had the artist locked up until the composition was finished. Gutiérrez completed the work on the morning of 11 June, just a few hours before the beginning of the state reception. From then on the composition was considered to be the national anthem of Costa Rica. The words used today are the fourth revised version, written by José María Zeledón Brenes (1877-1949). This set of words was chosen as the result of a competition in 1900 and officially adopted in 1949.

«Noble patria, tu hermosa bandera» («Noble Patrie, ton beau drapeau») est l'hymne national de la République de Costa Rica. Lorsque, en 1852, le Président alors en fonction, Juan Rafael Mora, s'apprêtait à recevoir des représentants de la Grande-Bretagne et des USA, son frère, le Général José Joaquin Mora, fut chargé des préparatifs pour le programme officiel. Les hymnes des hôtes étrangers furent notés au protocole, mais celui du Costa Rica manquait, le pays n'ayant pas encore d'hymne à cette époque. Trois jours avant le début de la visite officielle, le Général Mora chargea Manuel María Gutiérrez (1829-1887), directeur de l'orchestre militaire, d'écrire un hymne national. On prétend même que Mora aurait emprisonné le compositeur jusqu'à ce que ce dernier ait fini son travail. Gutiérrez acheva son œuvre au matin du 11 juin, quelques heures seulement avant le début de la réception officielle. Cette composition fut dès lors l'hymne national du Costa Rica. Le texte actuel a déjà été remanié quatre fois et a été rédigé sous cette forme par José María Zeledón Brenes (1877-1949). Cette version fut choisie en 1900 à la suite d'un concours public, et confirmée officiellement en 1949.

Offizieller Name / Official Name / Nom officiel: **República de Costa Rica** · Hauptstadt / Capital / Capitale: **San José**
Einwohner / Population / Population: **3,9 Mio.** · Fläche / Surface Area / Superficie: **51.060 km²**

CROATIA

T:Antun Mihanovic (1796-1861)
M: Josip Runjanin (1821-1878)

Moderato

Lije - pa na - ša do-mo-vi - no, oj ju - nač - ka zem ljo mi - la,

Sta - re sla - ve dje-do-vi - no, da bi vaz - da sret-na bi - la!

Mi - la, ka - no si nam slav - na, mi - la si nam ti je - di - na,

mi - la, ku - da si nam rav - na, Mi - la, ku - da si pla - ni - na!

Die Nationalhymne von Kroatien ist das Lied „Lijepa naša domovino" („Unser schönes Vaterland"). Der Text stammt von dem Dichter Antun Mihanovic (1796-1861) und wurde 1835 in der Zeitung ‚Danica' veröffentlicht. Elf Jahre später komponierte Josip Runjanin (1821-1878) die dazugehörige Musik. Im Jahre 1891 wurde das Werk erstmals als kroatische Hymne gesungen. 1972 zur Hymne der Sozialistischen Republik Kroatien erhoben, behielt „Lijepa naša domovino" auch im unabhängigen Kroatien nach 1990 den Status als Nationallied.

The national anthem of Croatia is the song "Lijepa naša domovino" ("Our Beautiful Homeland"). The words were written by the poet Antun Mihanovic (1796-1861) and were first published in the newspaper "Danica' in 1835. Eleven years later, Josip Runjanin (1821-1878) composed the music to go with them. The work was sung for the first time as the Croatian national anthem in 1891. Adopted as the anthem of the Socialist Republic of Croatia in 1972, "Lijepa naša domovino" maintained its status as national anthem after Croatia became independent in 1990.

L'hymne national de la Croatie est le chant «Lijepa naša domovino» («Notre belle patrie»). Le texte est du poète Antun Mihanovic (1796-1861) et fut publié en 1835 par le journal ‹Danica›. Onze ans plus tard, Josip Runjanin (1821-1878) composa la musique correspondante. L'œuvre fut jouée pour la première fois à titre d'hymne national en 1891. Proclamé en 1972 hymne de la République socialiste de Croatie, «Lijepa naša domovino» garda ce statut même après l'indépendance de la Croatie en 1990.

Offizieller Name / Official Name / Nom officiel: **Republika Hrvatska** · Hauptstadt / Capital / Capitale: **Zagreb**
Einwohner / Population / Population: **4,4 Mio.** · Fläche / Surface Area / Superficie: **56.542 km²**

CZECH REPUBLIC

T: Josef Kajetán Tyl (1808-1856)
M: František Jan Škroup (1801-1862)

Andante con moto

Kde do-mov můj? Kde do-mov můj? Vo-da hu-čí po-lu-či-nách, bo-ry

šu - mí___ po___ ska-li-nách, v sa-de skví___ se ja-ra

květ, zem-ský ráj___ to na po-hled! A to je ta krá-sná

ze - mě, ze-mě, če-ská, do-mov můj,___ ze-mě, če-ská, do-mov můj!

Mit Gründung der unabhängigen Tschechischen Republik am 1. Januar 1993 wurde „Kde domov muj" („Wo ist meine Heimat?") Nationalhymne des Landes. Der Text stammt aus dem Theaterstück „Fidlovacka" von Josef Kajetán Tyl (1808-1856), das im Jahre 1834 in Prag uraufgeführt wurde. Die Melodie wurde komponiert von František Škroup (1801-1862). Zu Zeiten der früheren Tschechoslowakei (von 1918 bis 1992) bestand die Nationalhymne aus der heutigen tschechischen Hymne sowie der slowakischen Hymne „Nad Tatrou sa blýska".

With the establishment of the independent Czech Republic on 1 January 1993, "Kde domov muj" ("Where is my homeland?") became the country's national anthem. The words are taken from the play "Fidlovacka" by Josef Kajetán Tyl (1808-1856), which was first performed in Prague in 1834. The melody was composed by František Škroup (1801-1862). In the days of the former Czechoslovakia (from 1918 to 1992) the national anthem consisted of both the current Czech anthem and the Slovakian anthem "Nad Tatrou sa blýska" ("Thunder over the Tatra Mountains").

C'est lors de la fondation de la République tchèque indépendante le 1er janvier 1993 que «Kde domov muj» («Où est ma patrie ?») devint l'hymne national du pays. Le texte est extrait de la pièce de théâtre «Fidlovacka» de Josef Kajetán Tyl (1808-1856), pièce représentée pour la première fois à Prague en 1834. La mélodie fut composée par František Škroup (1801-1862). A l'époque de la Tchécoslovaquie (de 1918 à 1992), l'hymne national se composait de l'hymne tchèque actuel et de l'hymne slovaque «Nad Tatrou sa blýska».

Offizieller Name / Official Name / Nom officiel: **Česká Republika** · Hauptstadt / Capital / Capitale: **Praha**
Einwohner / Population / Population: **10,2 Mio.** · Fläche / Surface Area / Superficie: **78.866 km²**

DENMARK

T: Adam Gottlob Oehlenschlaeger (1779-1850)
M: Hans Ernst Krøyer (1798-1879)

Moderato

Der er et yn-digt land, det står medbre-de bø-ge nær

sal - ten ø - ster - strand, nær sal - ten ø - ster - strand; det

bug - ter sig i bak - ke, dal, det hed - der gam - le Dan - mark, og

det er Frej - as sal,__ og det er Frej - as sal. det sal.

Das Königreich Dänemark verfügt über zwei National-hymnen: Die Königshymne „Kong Kristian stod ved højen mast" („König Christian stand am hohen Mast"), die zu königlichen Anlässen gespielt wird sowie die bürgerliche Hymne „Det er et yndigt land" („Es gibt ein schönes Land"), die von Adam Gottlob Oehlenschläger (1779-1850) geschrieben wurde. Die Musik stammt von Hans Ernst Krøyer (1798-1879), der die Melodie um 1835 verfasste. Im Jahre 1844 wurde die Landeshymne offiziell angenommen.

The Kingdom of Denmark has two national anthems: the royal anthem "Kong Kristian stod ved højen mast" ("King Christian stood by the lofty mast"), which is played on royal occasions, and the civil anthem "Det er et yndigt land" ("There Is A Lovely Land") written by Adam Gottlob Oehlenschlaeger (1779-1850). The music was composed by Hans Ernst Krøyer (1798-1879), who wrote the melody in about 1835. The civil anthem was officially adopted in the year 1844.

Le Royaume de Danemark dispose de deux hymnes nationaux : l'hymne royal «Kong Kristian stod ved højen mast» («Le Roi Christian devant le grand mât»), joué lors de cérémonies royales, et l'hymne civil «Det er et yndigt land» («Il est un beau pays»), écrit par Adam Gottlob Oehlenschläger (1779-1850). La musique est d'Hans Ernst Krøyer (1798-1879), qui composa la mélodie en 1835. Cet hymne fut officiellement adopté en 1844.

Offizieller Name / Official Name / Nom officiel: **Kongeriget Danmark** · Hauptstadt / Capital / Capitale: **København**
Einwohner / Population / Population: **5,4 Mio.** · Fläche / Surface Area / Superficie: **43.094 km²**

ECUADOR

T: Juan León Mera (1832-1894)
M: Antonio Neumane (1818-1871)

Tempo di marcia

¡Sal-ve, Oh Pa-tria, mil ve-ces! ¡Oh Pa - tria, Glo-ria á ti! Glo ria á

ti! Ya tu pe - cho, tu pe - cho_ re - bo - sa Go-zo y

paz, ya tu pe-cho_ re - bo - sa; y tu fren - te,_ tu fren - te ra-

dio - sa Más que el sol con - tem-pla - mos lu - cir,_____ y tu

fren - te, tu fren - te ra - dio - sa Más que el sol con - tem pla - mos lu-

cir. Y tu cir. *Fine* Los pri - me-ros los hi - jos del sue - lo que so-

ber - bio, el Pi-chin - cha de - co - ra Te a - cla - ma - ron por siem pre__ se -

ño - ra Y ver-tie - ron su san - gre por ti. Dios mi - ró y a-cep tó_ el ho - lo

ca- us- to Y e- sa, san- gre fue ger - men fe cun - do De o- tros

hé- roes que a tó - ni- to el mun - do Vió en tu tor- no a mi- lla - res sur- gir. Dios mi

gir. a mi- lla- res sur- gir, a mi- lla - res sur- gir.

Da Capo al Fine

„Salve, Oh Patria!" („Wir grüssen Dich, unser Heimatland!") ist die Nationalhymne von Ecuador und wurde offiziell im Jahre 1886 angenommen. Der Autor Juan León Mera (1832-1894) legte 1865 dem Nationalkongreß eine Textausarbeitung für eine Nationalhymne vor. Jene Verse wurden schließlich zur Nationalhymne erklärt. Mera selbst wirkte später als Präsident des Senates von Ecuador. Im Jahre 1869 komponierte Antonio Neumane (1818-1871) die Musik zu Meras Worte. Die Vertonung war für die meisten Leute jedoch nicht leicht zu singen. Daher erhielten zu Beginn des 20. Jahrhunderts die Musiker Brescia und Traversari aus Mailand/Italien den Auftrag, die Melodie für den Gesang zu vereinfachen. Im Laufe der Zeit wurden weitere kleinere Veränderungen an der Hymne vorgenommen.

"Salve, Oh Patria!" ("We Salute You, Our Homeland") is the national anthem of Ecuador and was officially adopted in the year 1886. The author Juan León Mera (1832-1894) submitted the words for an anthem to the Ecuadorian National Congress in 1865 and his verses were eventually identified as the national anthem. Mera himself subsequently became president of the Senate of Ecuador. In 1869 Antonio Neumane (1818-1871) composed the music to go with Mera's words. The tune was not easy enough for most people to sing, though, so at the beginning of the 20th Century the musicians Brescia and Traversari from Milan in Italy were commissioned to arrange the music in a more simplified form for singing. Over the course of time further small changes were made to the score.

«Salve, Oh Patria!» («Nous te saluons, Ô Patrie!») est l'hymne national de l'Equateur, adopté officiellement en 1886. L'auteur Juan León Mera (1832-1894) présenta en 1865 au Congrès national équatorien un texte destiné à devenir un hymne national. Ce sont ces vers qui furent finalement déclarés hymne national. Mera fut plus tard Président du Sénat de l'Equateur. En 1869, Antonio Neumane (1818-1871) mit en musique les paroles de Mera. Cependant, pour la plupart des gens, cet arrangement était difficile à chanter. Aussi, au début du XXème siècle, les musiciens Brescia et Traversari de Milan/Italie reçurent la commande d'une mélodie plus facile à chanter. De petites modifications supplémentaires furent apportées au fil du temps à la partition.

Offizieller Name / Official Name / Nom officiel: **República del Ecuador** · Hauptstadt / Capital / Capitale: **Quito**
Einwohner / Population / Population: **13,7 Mio.** · Fläche / Surface Area / Superficie: **272.045 km²**

ENGLAND

T + M: unknown / unbekannt /inconnu

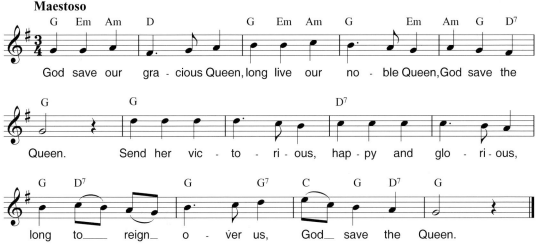

Maestoso

God save our gra - cious Queen, long live our no - ble Queen, God save the Queen. Send her vic - to - ri - ous, hap - py and glo - ri - ous, long to reign o - ver us, God save the Queen.

Die Nationalhymne des Vereinigten Königreiches von Großbritannien „God Save the Queen" oder „God Save the King" hat ihren Ursprung im 17. Jahrhundert. Die Urheberschaft von Text und Melodie sind unklar. Als mögliche Autoren werden beispielsweise der englische Kapellmeister John Bull (1563-1628) oder auch der englische Poet und Komponist Henry Carey (1687-1743) erwähnt. Nachdem die Armee von König George II. von Hannover bei Prestonpans nahe Edinburgh von Prinz Charles Edward Stuart besiegt worden ist, wurde die Hymne am 28. September 1745 in den Drury Lane und Covent Garden Theater uraufgeführt. Über 140 Komponisten, darunter Beethoven, Haydn und Brahms haben die Melodie in ihre Kompositionen aufgenommen.

The national anthem of the United Kingdom of Great Britain and Northern Ireland, "God Save the Queen" or "God Save the King", has its origins in the 17th Century. The authorship of the words and tune is not certain: the names of possible authors include the English director of music, John Bull (1563-1628), and the English poet and composer, Henry Carey (1687-1743). The anthem was first performed on 28 September 1745 at theatres in Drury Lane and Covent Garden, after the army of King George II had been defeated by Prince Charles Edward Stuart at Prestonpans, near Edinburgh. Over 140 composers, including Beethoven, Haydn and Brahms, have incorporated the tune in their compositions.

L'hymne national du Royaume-Uni de Grande-Bretagne «God Save the Queen» ou «God Save the King» remonte au XVIIème siècle. Les auteurs du texte et de la mélodie ne sont pas connus avec certitude. Il est question par exemple du chef d'orchestre anglais John Bull (1563-1628) ou encore du poète et compositeur anglais Henry Carey (1687-1743). Après la défaite de l'armée du roi George II de Hanovre à Prestonpans près d'Edinburgh par les troupes du Prince Charles Edward Stuart, l'hymne fut représenté pour la première fois le 28 septembre 1745 aux théâtres du Drury Lane et du Covent Garden. Plus de 140 compositeurs, dont Beethoven, Haydn et Brahms en ont repris la mélodie dans leurs compositions.

Offizieller Name / Official Name / Nom officiel: **England** · Hauptstadt / Capital / Capitale: **London**
Einwohner / Population / Population: **50,1 Mio.** · Fläche / Surface Area / Superficie: **130.423 km²**

FINLAND

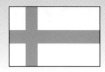

T: Johan Ludvig Runeberg (1804-1877)
M: Frederik Pacius (1809-1891)

Andante maestoso

Oi maam - me, Suo - mi, syn-nyin maa, soi, sa - na kul - tai - nen! Ei

laak - so - a, ei kuk-ku-laa, ei vet - tä, ran - taa rak kaam paa kuin

ko - ti-maa tää poh-joi - nen, maa kal - lis i - si - en. Ei en.

„Maamme" oder auf schwedisch „Vårt land" („Unser Land") ist der Nationalhymnentitel der Republik Finnland. Den schwedischen Originaltext schrieb der finnische Dichter Johan Ludvig Runeberg (1804-1877) und ist Bestandteil seines Hauptwerkes „Fänrik Ståls sägner" („Fähnrich Stahls Erzählungen"), welches im Jahre 1847 veröffentlicht wurde. Paavo Kajander übersetzte die Worte in finnische Sprache. Die Musik komponierte der aus Hamburg stammende Musiker Fredrik Pacius (1809-1891), ein bedeutender Repräsentant der finnischen Musikkultur im 19. Jahrhundert. Am 13. Mai 1848 wurde das Lied von Studenten, die den „Flora-Tag" und somit den Frühlingsbeginn feierten, zum ersten Mal öffentlich gesungen.

"Maamme" or in Swedish "Vårt land" ("Our Country") is the title of the national anthem of the Republic of Finland. The original wording in Swedish was by the Finnish poet Johan Ludvig Runeberg (1804-1877) and is a part of his major work "Fänrik Ståls sägner" ("The Tales of Ensign Stål"), which was published in 1847. Paavo Kajander translated the words into Finnish. The music was composed by Fredrik Pacius (1809-1891), a native of Hamburg and an important figure in Finnish musical culture in the 19th Century. On 13 May 1848 the song was sung in public for the first time by students to celebrate "Flora's Day", marking the arrival of spring.

«Maamme» ou en suédois «Vårt land» («Notre pays») est le titre de l'hymne national de la République de Finlande. Le texte suédois original fut écrit par le poète finlandais Johan Ludvig Runeberg (1804-1877), et fait partie de son œuvre principale «Fänrik Ståls sägner» («Les récits de l'Enseigne Stahl»), publiée en 1847. Paavo Kajander traduit le texte en finnois. La musique fut composée par le musicien Fredrik Pacius (1809-1891), né à Hambourg, l'un des représentants importants de la culture musicale finlandaise du XIXème siècle. Le chant fut chanté pour la première fois en public le 13 mai 1848 par des étudiants fêtant le «jour de la Flore», et donc le début du printemps.

Offizieller Name / Official Name / Nom officiel: **Suomen Tasavalta** · Hauptstadt / Capital / Capitale: **Helsinki**
Einwohner / Population / Population: **5,2 Mio.** · Fläche / Surface Area / Superficie: **338.144 km²**

FRANCE

T/M: Claude-Joseph Rouget de L'isle (1760-1836)

Allegro vivace

Al-lons, en-fants de la Pa-tri - e! Le jour de gloire est ar - ri - vé! Con-tre

nous de la ty-ran-ni - e,____ l'é - ten-dard sang-lant est le-vé,____ l'é - ten-

dard__ sang-lant est le - vé! En-ten-dez- vous dans les cam-pa-gnes mu -

gir ces fé-ro - ces sol - dats?____ Ils vien - nent jus-que dans nos bras, é-gor-

ger vos fils__ vos com-pa-gnes! Aux ar - mes, ci - toy - ens!____ For-

mez____ vos ba-tail-lons,____ Mar - chons,____ mar - chons!____

Qu'un sang im - pur____ a - breu - ve nos sil-lons!

Die Nationalhymne der französischen Republik ist die „Marseillaise"; diese Bezeichnung erhielt das Lied, als es von Soldaten eines Freiwilligen-Bataillon aus der südfranzösischen Stadt Marseille im Juli 1792 bei Ankunft in den Straßen von Paris gesungen wurde. Text und Musik verfasste der Pionierhauptmann Claude-Joseph Rouget de Lisle (1760-1836) in der Nacht vom 24. auf den 25. April 1792 in Straßburg. Das Lied war überschrieben mit dem Titel „Chant de guerre pour l'armée du Rhin" („Kriegslied der Rheinarmee"). Zu jener Zeit erfolgte der Sturz des französischen Königs, woraufhin andere europäische Herrscher den monarchischen Gedanken durch die französischen Revolutionäre gefährdet sahen und sich somit gegen diese verbündeten. Jedoch leisteten die Franzosen Widerstand und nahmen sich vor, auch andere europäische Völker an den Errungenschaften der Französischen Revolution teilhaben zu lassen. Die Marseillaise ist demnach ein Aufruf an die Franzosen, sich fortan gegen alle Knechtschaft und Tyrannei zu wehren. Am 15. Juli 1795 erhob der Nationalkonvent das Werk zur Nationalhymne. In der französischen Verfassung ist in Artikel 2 die „Marseillaise" als Nationalhymne festgeschrieben.

The national anthem of the French Republic is called the "Marseillaise"; the song received this name when it was sung by a battalion of volunteers from the Southern French city of Marseilles upon their arrival on the streets of Paris in July 1792. Both the words and the music were written by the military officer Claude-Joseph Rouget de Lisle (1760-1836) in Strasbourg on the night of 24 - 25 April 1792. The song was entitled "Chant de guerre pour l'armée du Rhin" ("Battle song for the army of the Rhine"). Then came the downfall of the French King, whereupon the monarchs of other European countries felt threatened by the French revolutionaries and joined ranks against them. The French people stood up to them, though, and hoped to share the achievements of the French revolution with other European nations. The "Marseillaise" is thus an appeal to the French to go on resisting all forms of bondage and tyranny. On 15 July 1795 the National Convention adopted the piece as the national anthem; the "Marseillaise" is identified as the national anthem in Article 2 of the French Constitution.

L'hymne national de la République française est «La Marseillaise»; ce nom fut donné au chant parce qu'il fut chanté en juillet 1792 dans les rues de Paris par les soldats d'un bataillon de volontaires arrivés de Marseille. Texte et musique furent écrits par le capitaine de 5e classe Claude-Joseph Rouget de Lisle (1760-1836) dans la nuit du 24 au 25 avril 1792 à Strasbourg. Le chant portait alors le titre de «Chant de guerre pour l'armée du Rhin». A cet époque, marquée par la chute du roi de France, les souverains d'autres pays européens, qui voyaient l'idée monarchique menacée par les révolutionnaires français, concluaient des alliances contre ceux-ci. Mais les Français résistèrent et se proposèrent de faire partager à d'autres peuples européens les acquis de la Révolution française. La Marseillaise appelle donc les Français à se défendre contre toutes les formes d'esclavage et de tyrannie. Le 15 juillet 1795, la Convention adopta l'œuvre à titre d'hymne national. L'article 2 de la Constitution française fixe «La Marseillaise» à titre d'hymne national.

Offizieller Name / Official Name / Nom officiel: **République française** · Hauptstadt / Capital / Capitale: **Paris**
Einwohner / Population / Population: **60,1 Mio.** · Fläche / Surface Area / Superficie: **543.965 km²**

GERMANY

T: Hoffmann von Fallersleben (1798-1874)
M: Joseph Haydn (1732-1809)

Ei - nig - keit und Recht und Frei - heit für das deut - sche Va - ter - land!
Da - nach lasst uns al - le stre - ben brü - der - lich mit Herz und Hand!

Ei - nig - keit und Recht und Frei - heit sind des Glü - ckes Un - ter - pfand. Blüh' im

Glan - ze die - ses Glü - ckes blü - he_ deut - sches Va - ter - land! Blüh' im land!

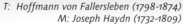 August Heinrich Hoffmann von Fallersleben (1798-1874) schrieb am 26. August 1841 auf der Nordseeinsel Helgoland das „Lied der Deutschen". Die Melodie stammt aus dem dritten Satz des „Kaiserquartetts" (op. 76, Nr. 3) von Joseph Haydn (1732-1809). Die Musik wurde im Jahre 1797 zu Ehren von Kaiser Franz II komponiert. Der sozialdemokratische Reichspräsident Friedrich Ebert erhob dieses Lied am 11. August 1922 mit allen drei Strophen zur offiziellen Nationalhymne Deutschlands. In einem Briefwechsel bestätigten Bundespräsident Theodor Heuss und Bundeskanzler Konrad Adenauer das Deutschlandlied im Mai 1952 als Nationalhymne der Bundesrepublik Deutschland, jedoch wird nur noch die 3. Strophe gesungen. Nach der Wiedervereinigung erklärten Bundespräsident Richard von Weizsäcker und Bundeskanzler Helmut Kohl im August 1991 in einem Briefwechsel die 3. Strophe zusammen mit Haydns Musik zur Nationalhymne Deutschlands.

August Heinrich Hoffmann von Fallersleben (1798-1874) wrote the "Song of the Germans" on the North Sea island of Helgoland on 26 August 1841. The tune is from the third movement of the "Emperor Quartet" (Op. 76, No. 3) by Joseph Haydn (1732-1809). The music was composed in 1797 in honour of Emperor Francis II. The Social Democrat President Friedrich Ebert declared this song with all three stanzas to be the German national anthem on 11 August 1922. President Theodor Heuss and Chancellor Konrad Adenauer confirmed the "Song of Germany" as the national anthem of the Federal Republic of Germany in an exchange of letters in May 1952. Only the 3rd stanza is sung as the national anthem, however. After the reunification, President Richard von Weizsäcker and Chancellor Helmut Kohl agreed in an exchange of letters in August 1991 that the 3rd stanza alone, with Haydn's music, should be declared the national anthem of Germany.

August Heinrich Hoffmann von Fallersleben (1798-1874) écrivit le 26 août 1841 sur l'île d'Helgoland, dans la Mer du Nord, le «Chant des Allemands». La mélodie fait partie du troisième mouvement du quatuor «Empereur» (op. 76, n° 3) de Joseph Haydn (1732-1809). La musique fut composée en 1797 à l'honneur de l'Empereur François II. Le Président social-démocrate du Reich Friedrich Ebert adopta les trois couplets de ce chant à titre d'hymne national de l'Allemagne le 11 août 1922. Dans un échange de correspondance en mai 1952, le Président de la République Theodor Heuss et le chancelier Konrad Adenauer confirmèrent le Chant des Allemands à titre d'hymne national de la République fédérale d'Allemagne. N'est cependant chanté que le 3ième couplet. Après la réunification, le Président Richard von Weizsäcker et le chancelier Helmut Kohl déclarèrent en août 1991 dans un échange de correspondance que le 3ième couplet associé à la musique de Haydn constituerait désormais l'hymne national.

Offizieller Name / Official Name / Nom officiel: **Bundesrepublik Deutschland** · Hauptstadt / Capital / Capitale: **Berlin**
Einwohner / Population / Population: **82,5 Mio.** · Fläche / Surface Area / Superficie: **357.026 km²**

GHANA

T: The Government of Ghana
M: Philip Gbeho (1905-1976)

Ritmico, con moto

God bless our home-land Gha - na____ And make our na - tion

great and strong,____ Bold to de-fend for - ev - er____ The

cause of Free-dom and_ of Right;____ Fill_ our hearts with_ true hu -

-mil - i - ty, Make us cher - ish__ fear - less hon - es - ty,____ And

help us to re - sist op - pres - sor's rule With all our

will and might for ev - er - more.____ And more.____

 „God Bless Our Homeland Ghana" („Gott schütze unser Heimatland Ghana") wurde mit der Unabhängigkeit 1957 die Nationalhymne der Republik und löste die in der ehemaligen britischen Kolonie verwendete englische Hymne ab. Text und Musik stammen von Philip Comi Gbeho (1904-1976). Von einem Komitee der ghanaischen Regierung wurde der Text 1966 jedoch abgeändert.

"God Bless Our Homeland Ghana" became the national anthem of the Republic of Ghana in 1957 when the country achieved independence, replacing the English national anthem that had been used in the former British colony. The words and music are by Philip Comi Gbeho (1904 -1976). The words were revised by a Ghanaian government committee in 1966.

«God Bless Our Homeland Ghana» («Que Dieu bénisse le Ghana notre patrie») devint l'hymne national du Ghana en 1957, lorsque le pays devint indépendant, remplaçant l'hymne anglais jusqu'alors utilisé dans l'ancienne colonie britannique. Texte et musique sont de Philip Comi Gbeho (1904-1976). Le texte fut modifié par un comité du gouvernement en 1966.

Offizieller Name / Official Name / Nom officiel: **Republic of Ghana** · Hauptstadt / Capital / Capitale: **Accra**
Einwohner / Population / Population: **20,5 Mio.** · Fläche / Surface Area / Superficie: **238.537 km²**

GREECE

T: Dionysios Solomós (1798-1857)
M: Nikolaos Mantzaros (1795-1873)

Maestoso

Sé gno - rí - so a-pó tin kó - psi, tú spa - thiú tin tro - me-
Σε γνω - ρί - ζω α πό την κό - ψη, του σπα -θιού την τρο - με-

rí, sé gno - rí - so a-pó tin ó - psi, pú me wiá me-trái ti
ρή, Σε γνω - ρί - ζω α-πό την ό - ψη, που με βια με-τρά τη

jí. Ap' ta kó - ka-la wgal-mé - ni t´n El - lé - non ta ie -
γη. Απ' τα κό - κα-λα βγαλ-μέ - νη, των Ελ - λή - νωντα ιε-

rá, kaí san pró - ta an-drio mé - ni, chaí - re o chaí - re E - lef - the -
ρά, Και σαν πρώ - τα αν - δρει - ω - μέ - νη, χαί -ρε, ω χαι - ρε Ε - λευ - θε-

riá! Kaí san pró - ta an-drio - mé - ni, chaí - re o chaí - re E - lef - the-
ριά, Και σαν πρώ - τα αν - δρει - ω - μέ - νη, χαί-ρε, ω χαι - ρε Ε-λευ-θε-

riá!__ Kaí san pró - ta an-drio - mé - ni, chaí - re o chaí - re E - lef - the - riá!
ριά, __ Και σαν πρώ τα αν - δρει - ω - μέ - νη, χαί ρε, ω χαι - ρε Ε-λευ-θε- ριά.

„Imnos is tin Eleftherian" („Ode an die Freiheit" oder auch „Freiheitshymne") ist die Bezeichnung der Nationalhymne der Hellenischen Republik. Den gesamten Text verfasste im Jahre 1823 der Dichter Dionysios Solomós (1798-1857) innerhalb von nur einem Monat. Mit 158 Strophen ist der griechische Hymnentext der längste und umfassendste von allen Nationalliedern. Die ersten beiden Strophen werden als Nationalhymne gesungen. Nikolaos Chalkiopoulos Mantzaros (1795-1873) vertonte die ersten Strophen im Jahre 1828 auf der Insel Korfu; diese Komposition stufte er jedoch später als zu volkstümlich ein. In der Annahme, daß eine Hymne der Freiheit mit ernst klingender Musik unterlegt sein sollte, fertigte Mantzaros 1841 eine zweite Vertonung. Am 4. August 1865 wurde dieses Werk schließlich per Verordnung als offizielle Nationalhymne bestimmt.

"Imnos is tin Eleftherian" ("Ode to Freedom") is the title of the national anthem of the Hellenic Republic. The poet Dionysios Solomós (1798-1857) wrote the whole text in just one month in 1823. With 158 stanzas the Greek national anthem is the longest and most extensive of all national anthems, though just the first two stanzas are usually sung. Nikolaos Chalkiopoulos Mantzaros (1795-1873) set the first stanza to music on the island of Corfu in 1828; he later considered this composition too common in style, though. On the basis that a Hymn to Freedom should be set to solemn music, Mantzaros went on to compose a second tune in 1841. This work was eventually declared by decree to be the official national anthem on 4 August 1865.

«Imnos is tin Eleftherian» («Ode à la liberté» ou «Hymne à la liberté») est le nom l'hymne national de la République Hellénique. Le texte fut écrit dans sa totalité en 1823 par le poète Dionysios Solomós (1798-1857), en un mois seulement. Avec ses 158 strophes, le texte de l'hymne grec est le plus long et le plus important de tous les chants nationaux. Sont chantés les deux premiers couplets. Nikolaos Chalkiopoulos Mantzaros (1795-1873) mit en musique les premières strophes en 1828 sur l'île de Corfou ; mais il jugea plus tard cette composition trop populaire. Partant du principe qu'un hymne à la liberté doit être accompagné d'une musique sérieuse, Mantzaros composa en 1841 un second arrangement. Cette œuvre fut finalement décrétée hymne national officiel le 4 août 1865.

Offizieller Name / Official Name / Nom officiel: **Elliniki Dimokratía** · Hauptstadt / Capital / Capitale: **Athína**
Einwohner / Population / Population: **10,7 Mio.** · Fläche / Surface Area / Superficie: **131.957 km²**

HUNGARY

T: Ferenec Kölcsey (1790-1838)
M: Ferenc Erkel (1810-1893)

Andante maestoso

Is - ten áldd meg a ma - gyart jò kedv - vel bö - seg - gel.

Nyújts fe - lé - je vé - dö kart, ha küzd el - len - ség - gel.

Bal - sors a - kit ré - gen tép hozz re - a víg esz - ten - döt.

Meg - bün höd - te már e nép a múl - tat sjö - ven - döt.

„Himnusz" ist der offizielle Name der Nationalhymne der Republik Ungarn. Entweder im Jahre 1823 oder aber bereits 1817 dichtete Ferenc Kölcsey (1790-1838) den Text; veröffentlicht wurde dieser im Jahre 1828. Der Schöpfer der ungarischen Nationaloper, Ferenc Erkel (1810-1893), komponierte im Jahre 1844 die Musik; seine Vertonung wurde anläßlich eines Preisausschreibens prämiert. Am 2. Juni 1844 spielte man die Hymne erstmalig im Nationaltheater von Budapest. In Kapitel 14, Artikel 75 der ungarischen Verfassung ist das von Kölcsey und Erkel verfasste Werk als Nationalhymne festgeschrieben.

"Himnusz" is the official name of the national anthem of the Republic of Hungary. The words were composed in either 1817 or 1823 by Ferenc Kolcsey (1790-1838) and published in 1828. The creator of the Hungarian National Opera, Ferenc Erkel (1810-1893), composed the music in 1844; his setting of the poem to music was selected as the best work in a competition. The anthem was performed for the first time in the National Theatre of Budapest on 2 June 1844. Kölcsey and Erkel's work is identified as the national anthem in Chapter 14, Article 75 of the Hungarian Constitution.

«Himnusz» est le nom officiel de l'hymne national de la République de Hongrie. Le texte fut écrit par Ferenc Kölcsey (1790-1838) soit en 1823 soit dès 1817, mais ne fut publié qu'en 1828. Le fondateur de l'Opéra National de Hongrie, Ferenc Erkel (1810-1893), composa la musique en 1844 ; son arrangement remporta le premier prix à l'occasion d'un concours. L'hymne fut joué pour la première fois le 2 juin 1844 au Théâtre national de Budapest. Le chapitre 14, article 75 de la constitution hongroise fixe l'œuvre de Kölcsey et Erkel à titre d'hymne national.

Offizieller Name / Official Name / Nom officiel: **Magyar Köztársaság** · Hauptstadt / Capital / Capitale: **Budapest**
Einwohner / Population / Population: **10 Mio.** · Fläche / Surface Area / Superficie: **93.030 km²**

INDIA

T / M: Rabindranath Tagore (1861-1941)

„Jana Gana Mana" („Herrscher über den Geist des Volkes") ist die Nationalhymne der Republik Indien. Das Lied in bengalischer Sprache wurde im Dezember 1911 von dem großen Dichter Rabindranath Tagore (1861-1941) geschrieben, der im Jahre 1913 mit dem Nobelpreis für Literatur ausgezeichnet wurde. Am 24. Januar 1950 wurde das Lied offiziell durch die verfassunggebende Versammlung als Nationalhymne angenommen.

"Jana Gana Mana" ("Thou Art the Ruler of the Minds of the People") is the national anthem of Republic of India. The song is in Bengali and was written in December 1911 by the great poet Rabindranath Tagore (1861-1941), who won the Nobel Prize for Literature in 1913. The song was officially adopted as the national anthem by the National Constituent Assembly on 24 January 1950.

«Jana Gana Mana» («Tu es le souverain des âmes de tous les êtres») est l'hymne national de la République de l'Inde. Le chant fut écrit en Bengali en décembre 1911 par le grand poète Rabindranath Tagore (1861-1941) qui reçut le prix Nobel de littérature en 1913, et il fut adopté officiellement par l'Assemblée constitutionnelle en tant hymne national le 24 janvier 1950.

Offizieller Name / Official Name / Nom officiel: **Bhāratiya Ganarǎjya** · Hauptstadt / Capital / Capitale: **Neu-Deli**
Einwohner / Population / Population: **1049 Mio.** · Fläche / Surface Area / Superficie: **3.287.263 km²**

INDONESIA

T / M: Wage Rudolf Soepratman (1903-1938)

Tempo di marcia

In - do - ne - sia___ ta-nah a - ir - ku   ta-nah tum-pah da - rah - ku.   Di - sa-

na - lah___ a-ku ber-di - ri,   ja - di pan-du I - bu - ku.   In - do-

ne - sia___ ke-bang-sa an-ku,   bang-sa dan ta-nah a - ir - ku ma-ri-lah ki - ta ber-

se - ru, In - do - ne - sia ber-sa - tu   Hi - dup-lah ta - nah-ku, hi-dup-

lah ne-gri-ku Bang-sa - ku, Rak-yat-ku se - m-wa - nya   ba-ngun-lah ji - wa-nya bangun-

lah ba-dan-nya un-tuk In - do - ne - sia Ra - ya.   In - do - ne - sia Ra-ya mer-de-

ka mer-de-ka ta-nah-ku ne-gri-ku yang ku-cin - ta. In-do-ne-sia Ra-ya mer-de-

ka mer-de-ka hi-dup-lah In-do-ne-sia Ra-ya. In-do - ja.

Die Nationalhymne der indonesischen Republik lautet „Indonesia Raya" („Großartiges Indonesien"). Sowohl Text, als auch Musik wurden im Jahre 1928 von Wage Rudolf Soepratman (1903-1938) geschrieben. Im selben Jahr fand die erstmalige öffentliche Aufführung auf einem Kongreß von Jugendorganisationen in Jakarta statt. Mit Ausrufung der Unabhängigkeit in Jakarta am 17. August 1945 wurde das Werk offizielles Staatslied.

The national anthem of the Indonesian Republic is called "Indonesia Raya" ("Great Indonesia"). Both the words and music were written by Wage Rudolf Soepratman (1903-1938) in 1928; the first public performance took place at a Congress of Youth Organizations in Jakarta that same year. With the proclaiming of independence in Jakarta on 17 August 1945 the work became the official state anthem.

L'hymne national de la République d'Indonésie est «Indonesia Raya» («Merveilleuse Indonésie»). Texte et musique furent écrits en 1928 par Wage Rudolf Soepratman (1903-1938). La première représentation publique eut lieu la même année lors d'un congrès d'organisations pour la jeunesse à Jakarta. L'œuvre devint l'hymne officiel du pays à la déclaration de l'indépendance à Jakarta le 17 août 1945.

Offizieller Name / Official Name / Nom officiel: **Republik Indonesia** · Hauptstadt / Capital / Capitale: **Jakarta**
Einwohner / Population / Population: **234,9 Mio.** · Fläche / Surface Area / Superficie: **1.912.988 km²**

IRAN

T: written collectively
M: Hassan Riahi (*1945)

Andante con moto

Sar zad az u-fuq mihr-i hā - wa-rān fu-rūg-i dī-da-yi haqq-bā-wa-rān Bah-

man-farr-i ī-mān-i māst Pa-yā-mat ay I-mām is-tiq-lāl ā-zā-dī-naqš i ğān-i

māst Sa-hī-dān pī-čī-da dar gūš-i za-man far-yād-i-tān Pa-yan da ma-

ni wa ğa-wi-dan Ğum-hū-rī-yi is-lā-mī-i I - rān.____

Arab.:

سرزد از افق مهرِ خاوران
فروغ دیده حق باوران
بهمن فرِ ایمان ماست
پیامت ای امام استقلال آزادی نقش جان ماست
شهیدان پیچیده در گوش زمان فریادتان
پاینده مانی و جاودان
جمهوری اسلامی ایران

Mit „Sorood-e Melli-e Jomhoori-e Eslami" ist die iranische Nationalhymne überschrieben und bedeutet „Hymne der Islamischen Republik". Die Musik komponierte Hassan Riahi (*1945); das Werk wurde 1990 im Rahmen eines Wettbewerbs als Nationalhymne ausgewählt. Der Verfasser des Textes ist nicht bekannt; möglicherweise wurden die Worte im Kollektiv geschrieben.

"Sorood-e Melli-e Jomhoori-e Eslami" is the title of the Iranian national anthem and means "Anthem of the Islamic Republic". The music was composed by Hassan Riahi (* 1945); the work was chosen as the national anthem in a competition in 1990. The author of the words is unknown; the words may have been written by a group of people working together.

«Sorood-e Melli-e Jomhoori-e Eslami» est le titre de l'hymne national de l'Iran, ce qui signifie «Hymne de la République islamique». La musique fut composée par Hassan Riahi (*1945) ; l'œuvre fut sélectionnée hymne national en 1990 dans le cadre d'un concours. On ne connaît pas l'auteur du texte – il se peut qu'il s'agisse d'une œuvre collective.

Offizieller Name / Official Name / Nom officiel: **J omhûrî-ye Eslâmî-ye Irân** · Hauptstadt / Capital / Capitale: **Teheran**
Einwohner / Population / Population: **68,2 Mio.** · Fläche / Surface Area / Superficie: **1.648.000 km²**

IRELAND

T: Peadar Kearney (1883-1942)
M: Patrick Heaney (1881-1911)

Tempo di marcia

Sol - diers are we, whose lives are pledged to Ire - land; some have
Sin - ne Fian - na Fáil a - tá fé gheall ag Èir - inn, buion dár

come from a land be-yond the wave. Sworn to be free, no more our an-cient
slua thar_ toinn do ráin - ig chúghainn, fe_ mhoid bheith saor. Sean - tír ár sin - sir

Sire - land shall shel - ter the des-pot or the slave. To - night we man_ the_
feas - ta ní fhag - far fé'n tío - rán ná fé'n tráil. A - nocht a thé-am sa_

beár - na bhaoil in Er - in's cause come woe or weal;'mid can - nons' roar and
bheár - na bhaoil, le gean ar Ghaeil chun báis nó saoil, le gun - a_ screach, fé

ri - fles'_ peal, we'll_ chant_ a sol - dier's song.
lámhach na_ bpiléar, seo libh, can - aidh Amh - rán na bhFiann.

Die Nationalhymne der Republik Irland trägt den Titel „A Soldier's Song" („Soldatenlied"); in keltischer Sprache „Amhrán na bhFiann". Der Text wurde im Jahre 1907 von Peadar Kearney (1883-1942) geschrieben. Kearney komponierte auch die Musik, ihm half dabei Patrick Heaney (1881-1911). Im Juli 1926 wurde das Lied zur Nationalhymne erhoben. Jedoch bildet offiziell nur der Refrain das Staatslied, nicht die Strophen.

The national anthem of the Republic of Ireland bears the title "A Soldier's Song"; in Celtic, "Amhrán na bhFiann". The words were written in 1907 by Peadar Kearney (1883-1942). Kearney also composed the music, helped by Patrick Heaney (1881-1911). In July 1926 the song was elevated to the status of national anthem. However, only the chorus forms the official state anthem, not the verses.

L'hymne national de la République d'Irlande porte le titre de «A Soldier's Song» («La chanson du soldat») – en langue celte «Amhrán na bhFiann». Le texte fut écrit en 1907 par Peadar Kearney (1883-1942). Kearney composa également la musique, avec l'aide de Patrick Heaney (1881-1911). En juillet 1926, le chant fut décrété hymne national. Officiellement cependant, c'est le refrain qui constitue le chant national, et non les couplets.

Offizieller Name / Official Name / Nom officiel: **Éire / Republic of Ireland** · Hauptstadt / Capital / Capitale:
Baile Atha Cliath (Dublin) · Einwohner / Population / Population: **3,84 Mio.** · Fläche / Surface Area / Superficie: **70.273 km²**

ITALY

Allegro marciale

T: Goffredo Mameli (1827-1849)
M: Michele Novaro (1822-1885)

Fra - tel - li d'I - ta - lia, l'I - ta - lia s'è de - sta; del - l'el - mo di

Sci - pio s'è cin - ta la te - sta. Do - v'è la vit - to - ria? Le

por - ga la chio - ma; chè schia va di Ro - ma Id - dio_ la___ cre -

- ò. Fra-tel - li d'I - ta - lia, l'I - ta - lia s'è

de - sta. dell'el - mo di Sci - pio s'è cin - ta la te - sta. Dov' è la vit-

to - ria? Le por - ga la chio - ma, chè schia - va di Ro - ma Id-dio la cre

ò. Strin-giam - ci_a co - or - te siam pron - ti al - la mor - te, siam pron - ti al la

mor - te, l'I - ta - lia chia - mò. Strin-giam - ci a co - or - te, siam pron - ti al - la

mor - te, siam pron - ti al - la mor - te, l'I - ta - lia chia - mò, si.

Die Worte der italienischen Nationalhymne „Fratelli d'Italia" („Brüder Italiens") wurden von dem patriotischen Studenten und Dichter Goffredo Mameli (1827-1849) am 8. September 1847 geschrieben; das Lied ist auch bekannt als „Inno di Mameli" („Mamelis Hymne"). Vertont wurde das Gedicht von Michele Novaro (1822-1885). Sowohl Dichter als auch Komponist stammen aus der Stadt Genua. Erst mit Ausrufung der Italienischen Republik am 12. Oktober 1946 wurde das Werk offiziell als Nationalhymne angenommen.

The words of the Italian national anthem "Fratelli d'Italia" ("Brothers of Italy") were written by the patriotic student and poet Goffredo Mameli (1827-1849) on 8 September 1847; the song is also known as "Inno di Mameli" ("Mameli's Hymn"). The poem was set to music by Michele Novaro (1822-1885). Both the poet and composer came from Genova. It was only on 12 October 1946, with proclaiming of the Italian Republic, that the work was officially adopted as the national anthem.

Le texte de l'hymne national italien «Fratelli d'Italia» («Frères d'Italie») fut écrit par l'étudiant et poète patriote Goffredo Mameli (1827-1849) le 8 septembre 1847. Ce chant est aussi connu sous le titre de «Inno di Mameli» («Hymne de Mameli»). Le poème fut mis en musique par Michele Novaro (1822-1885). Le poète et le compositeur sont tous deux originaires de Gênes. Ce n'est qu'à la proclamation de la République italienne le 12 octobre 1946 que l'œuvre fut adoptée officiellement à titre d'hymne national.

Offizieller Name / Official Name / Nom officiel: **Repubblica Italiana** · Hauptstadt / Capital / Capitale: **Roma**
Einwohner / Population / Population: **58 Mio.** · Fläche / Surface Area / Superficie: **301.336 km²**

IVORY COAST

T: Mathieu Ekra (*1917), Joachim Bony (*1927)
und Pierre Marie Coty (*1927)
M: Pierre Marie Coty (*1927), Pierre Michel Pango (*1926)

Die Nationalhymne der Elfenbeinküste heißt "L'Abidjanaise" („Lied von Abidjan"). Der Titel lehnt sich damit an den Namen der früheren Hauptstadt Abidjan an. Die Hymne wurde im Jahre 1960 mit der Unabhängigkeit des Landes angenommen und obwohl seit März 1983 die Hauptstadt Yamoussoukro ist, blieb die Hymne mit dem Titel erhalten. Abidjan ist heute Regierungssitz der Elfenbeinküste. Der Text der „L'Abidjanaise" stammt von den Autoren Mathieu Ekra (*1917), Joachim Bony (*1927) und Pierre Marie Coty (*1927). Coty komponierte zusammen mit Pierre Michel Pango (*1926) ebenfalls die Melodie.

"L'Abidjanaise" ("Song of Abidjan") is the national anthem of Côte d'Ivoire (Ivory Coast). The title uses the name of the former capital Abidjan. The anthem was adopted in 1960 with the independence of the country, and although Yamoussoukro has been the official capital since March 1983, the anthem still retains its title. Today, Abidjan is the seat of government of Côte d'Ivoire. The words of the "L'Abidjanaise" are the by the authors Mathieu Ekra (* 1917), Joachim Bony (* 1927) and Pierre Marie Coty (* 1927). Coty also composed the melody, together with Pierre Michel Pango (* 1926).

L'hymne national de la Côte d'Ivoire est «L'Abidjanaise» – d'après le nom de l'ancienne capitale Abidjan. Il fut adopté en 1960 lors de l'indépendance du pays, et, bien que la capitale soit Yamoussoukro depuis mars 1983, son titre a été maintenu. Abidjan est aujourd'hui le siège du gouvernement de la Côte d'Ivoire. Le texte de «L'Abidjanaise» est de la plume de Mathieu Ekra (*1917), Joachim Bony (*1927) et Pierre Marie Coty (*1927). Coty composa également la musique en collaboration avec Pierre Michel Pango (*1926).

Offizieller Name / Official Name / Nom officiel: **République de Côte d'Ivoire** · Hauptstadt / Capital / Capitale: **Yamoussoukro**
Einwohner / Population / Population: **17,3 Mio.** · Fläche / Surface Area / Superficie: **322.462 km²**

JAPAN

T: unknown / unbekannt / inconnu
M: Hayashi Hiromori (1831-1896)

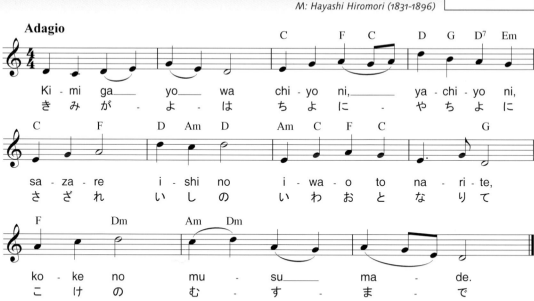

Adagio

Ki - mi ga— yo— wa chi - yo ni,— ya - chi - yo ni,
きみ が - よ - は ち よ に - や ち よ に

sa - za - re i - shi no i - wa - o to na - ri - te,
さ ざ れ い し の い わ お と な り て

ko - ke no mu - su— ma - de.
こ け の む - す - ま - で

Die japanische National-
hymne „Kimigayo" („Die
Herrschaft seiner Majestät") ist ein Gedicht aus dem 9. Jahrhundert. Somit
beinhaltet die Hymne den ältesten
Text von allen Nationalhymnen. Der
Autor ist unbekannt. Lange Zeit wurde
dieses Gedicht zu wechselnden Melo-
dien vorgetragen. Eine auf traditionel-
len Instrumenten basierende Version
von Hayashi Hiromori (1831-1896)
wurde dann im Jahre 1876 zur offiziellen Hymne. Der Schlesier Franz Eckert
(1852-1916), von 1879 bis 1898 Hofmu-
siker des japanischen Kaisers, passte die
Musik vier Jahre später an westlichen
Stil an. Diese in dorischer Kirchentonart
gehaltene Version ist seit 1888 die ak-
tuelle Nationalhymne Japans.

The Japanese national an-
them "Kimigayo" ("The
Reign of our Emperor") is a poem from
the 9th Century. This anthem thus con-
tains the oldest text of any national
anthem. The author is unknown. For a
long time this poem was sung to vari-
ous melodies. A version by Hayashi Hiromori (1831-1896) based on traditional
instruments became the official anthem in 1876. The Silesian Franz Eckert
(1852-1916), court musician to the
Japanese Emperor from 1879 to 1898,
set the melody to western-style har-
monies four years later. This version in
the Dorian church mode has been the
national anthem of Japan since 1888.

L'hymne national du Japon,
«Kimigayo» («Le règne de
notre Empereur»), est un poème du
IXème siècle. Son texte est donc le plus
ancien de tous les hymnes nationaux.
L'auteur est inconnu. Pendant longtemps, ce poème a été chanté sur des
mélodies diverses. Une version de
Hayashi Hiromori (1831-1896), reposant
sur des instruments traditionnels, devint l'hymne officiel en 1876. Quatre
ans plus tard, le Silésien Franz Eckert
(1852-1916), musicien à la Cour de
l'Empereur japonais de 1879 à 1898,
adapta la mélodie au style occidental.
Cette version en mode dorien est depuis 1888 l'hymne national actuel du
Japon.

Offizieller Name / Official Name / Nom officiel: **Nihon Koku** · Hauptstadt / Capital / Capitale: **Tokio**
Einwohner / Population / Population: **127,2 Mio.** · Fläche / Surface Area / Superficie: **377.837 km²**

MEXICO

T: Francisco González Bocanegra (1824-1861)
M: Jaime Nunó (1824-1908)

Andantino

Me - xi - ca - nos, al gri - to__ de gue - rra el a - ce - ro ap - re-stad y el bri-

dón,____ y re - tiem - ble en sus cen - tros la tie - rra al so-

no - ro ru -gir del - ca - ñón, y re - tiem - ble en sus cen - tros la

tie - rra al so - no - ro ru - gir del__ ca - ñón. *Fine*

Ci - ña ¡Oh pa - tria! tus sie - nes de o - li - va de la

paz____ el ar - cán - gel di - vi - no que en el

cie - lo tu e - ter - no des - ti - no por el de - do de Dios se es - cri-

bió. Mas si o - sa - re un ex-tra - ño e - ne - mi - go, pro - fa-

nar___ con su plan - ta tu sue - lo, pien - sa ¡Oh

pa - tria que - ri - da! que el cie - lo un sol - da do en ca - da hi - jo te

dió un___ sol - da-do en ca - da hi - jo te dió.

Da Capo al Fine

Im November 1853 schrieb der mexikanische Präsident Antonio López de Santa Anna einen Wettbewerb um eine Nationalhymne mit patriotischem Charakter aus. Der begabte Dichter Francisco González Bocanegra (1824-1861) wollte nicht an diesem Wettbewerb teilnehmen. Seine Lebensgefährtin Guadalupe González del Pino war jedoch von den künstlerischen Fähigkeiten ihres Mannes so überzeugt, dass sie ihn in einem Zimmer einsperrte, bis er einen Beitrag für den Wettbewerb ausgearbeitet habe. Bocanegras Werk gewann und wurde schließlich die Nationalhymne von Mexiko. Die heutige Melodie stammt von dem Katalanen und Direktor der mexikanischen Militärkapellen Jaime Nunó (1824-1908) und ist im Jahre 1854 komponiert worden. Die Uraufführung der Hymne fand ebenfalls 1854 am 16. September statt, dem mexikanischen Unabhängigkeitstag.

In November 1853 the Mexican President Antonio López de Santa Anna held a competition to find a national anthem with a real patriotic character. The talented poet Francisco González Bocanegra (1824-1861) did not want to take part in the competition. His fiancée Guadalupe González del Pino was so convinced of her partner's artistic abilities, however, that she locked him in a room until he had finished work on an entry for the competition. Bocanegra's work won the competition and eventually became the national anthem of Mexico. The melody in use today is by the Catalan director of the Mexican military bands Jaime Nunó (1824-1908) and was composed in 1854. The first performance of the anthem also took place in 1854 on 16 September, Mexican Independence Day.

Le Président mexicain Antonio López de Santa Anna organisa en novembre 1853 un concours pour la proposition d'un hymne national de caractère patriotique. Le talentueux poète Francisco González Bocanegra (1824-1861) n'avait pas l'intention d'y participer. Sa compagne Guadalupe González del Pino cependant, persuadée des dons artistiques de son mari, l'enferma dans une pièce jusqu'à ce qu'il ait terminé sa contribution au concours. L'œuvre de Bocanegra remporta le premier prix et devint finalement l'hymne national du Mexique. La mélodie actuelle fut composée en 1854 par le Catalan Jaime Nunó (1824-1908), Directeur des orchestres militaires mexicains. La première représentation de l'hymne eut lieu également en 1854, le 16 septembre, le jour de la fête de l'Indépendance du Mexique.

Offizieller Name / Official Name / Nom officiel: **Estados Unidos Mexicanos** · Hauptstadt / Capital / Capitale: **Ciudad de México** · Einwohner / Population / Population: **104,9 Mio.** · Fläche / Surface Area / Superficie: **1.953.162 km²**

NETHERLANDS

T: Philip van Marnix de Sint Aldegonde (1540-1598)
M: Adriaan Valerius (1575-1625)

Moderato

Wil - hel - mus van_ Nas - sou - we ben ick van Duyt - schen bloet, den
Va - der - lant_ ghe - trou - we blijf ick tot in___ den

doet; een_ Prin - ce van O - raeng - ien ben ick vrij on - ver -

veert, den Co - ninck van His - paeng - ien heb ick al - tijt ghe - eert.

Der Autor der niederländischen Nationalhymne „Wilhelmus van Nassouwe", oft abgekürzt mit „Het Wilhelmus", ist möglicherweise Philip Marnix, Herr von Sint Aldegonde (1540-1598). Der Text wurde zwischen 1568 und 1572 zu Ehren von Wilhelm I. von Oranien-Nassau während des Aufstandes gegen die Spanier geschrieben. Als 1815 das Königreich der Niederlande gegründet wurde, verwendete man das Lied zunächst nicht als Hymne, da man darin eine zu große Nähe zum Haus von Oranien-Nassau sah. Daher wurde zunächst „Wien Neerlands bloed" zur Nationalhymne bestimmt. Die Popularität von „Het Wilhelmus" blieb aber. Im Mai 1932 wurde das Lied im Ministerrat als Nationalhymne bestätigt.

The author of the national anthem of the Netherlands "Wilhelmus van Nassouwe", often abbreviated to "Het Wilhelmus", was probably Philip van Marnix, Lord of Sint Aldegonde (1540-1598). The words were written in honour of William I. of Orange-Nassau between 1568 and 1572, during the Dutch revolt against the Spanish. When the Netherlands became a kingdom in 1815, the song was not used as its national anthem because it was too closely connected to the House of Orange-Nassau. For this reason "Wien Neerlands bloed" was first chosen as the national anthem. But "Het Wilhelmus" remained popular, and in May 1932 the song was confirmed by the Council of Ministers as the national anthem.

L'auteur de l'hymne national néerlandais «Wilhelmus van Nassouwe», souvent abrégé «Het Wilhelmus», est peut-être Philip de Marnix, Seigneur de Sainte-Aldegonde (1540-1598). Le texte fut écrit entre 1568 et 1572 à l'honneur de Guillaume Ier d'Orange-Nassau pendant la révolte contre les Espagnols. Lors de la fondation du Royaume des Pays-Bas en 1815, il ne fut tout d'abord pas utilisé pour l'hymne national, car on y voyait une trop grande proximité à la Maison d'Orange-Nassau. Ce fut donc, dans un premier temps, «Wien Neerlands bloed» qui remplit la fonction d'hymne national. Mais «Het Wilhelmus» resta très populaire. En mai 1932, le chant fut confirmé par le Conseil ministériel à titre d'hymne national.

Offizieller Name / Official Name / Nom officiel: **Koninkrijk der Nederlanden** · Hauptstadt / Capital / Capitale: **Amsterdam**
Einwohner / Population / Population: **16,1 Mio.** · Fläche / Surface Area / Superficie: **41.526 km²**

NIGERIA

T: The Government of Nigeria
M: Benedict Elide Odiase (*1934)

Moderato

A - rise, o com - pa - triots, Ni - ge - ria's call o - bey to serve our fa - ther - land with love and strength and faith. The la - bour of our he - roes past shall ne - ver be in vain to serve with heart and might one na - tion bound in free - dom, peace and u - ni - ty.

„Arise, O compatriots, Nigeria's Call Obey" („Erhebt euch, Landsleute, folgt Nigerias Ruf") wurde im Oktober 1978 zur offiziellen Nationalhymne der Bundesrepublik Nigeria erhoben; das Werk ersetzte die bisherige Nationalhymne „Nigeria We Hail Thee" aus dem Jahre 1960. Den Text verfasste ein Komitee, bestehend aus den Autoren John A. Ilechukwu, Eme Etim Akpan, B. A. Ogunnaike, Sotu Omoigui und P. O. Aderibigbe. Die Musik komponierte Benedict Elide Odiase (*1934), Leiter des nigerianischen Polizeiorchesters.

"Arise, O Compatriots, Nigeria's Call Obey" was adopted as the official national anthem of the Federal Republic of Nigeria in October 1978; the work replaced the previous national anthem "Nigeria We Hail Thee" of 1960. The words were written by a committee consisting of the authors John A. Ilechukwu, Eme Etim Akpan, B. A. Ogunnaike, Sotu Omoigui and P. O. Aderibigbe. The music was composed by Benedict Elide Odiase (* 1934), director of the Nigerian police orchestra.

«Arise, O compatriots, Nigeria's Call Obey» («Levez-vous, Ô compatriotes, suivez l'appel du Nigeria») fut adopté en octobre 1978 à titre d'hymne national officiel de la République fédérale du Nigeria, remplaçant l'hymne utilisé jusque-là «Nigeria We Hail Thee», de 1960. Le texte fut écrit par un comité composé de John A. Ilechukwu, Eme Etim Akpan, B. A. Ogunnaike, Sotu Omoigui et P. O. Aderibigbe. La musique fut composée par Benedict Elide Odiase (*1934), Directeur de l'Orchestre de la police nigériane.

Offizieller Name / Official Name / Nom officiel: **Federal Republic of Nigeria** · Hauptstadt / Capital / Capitale: **Abuja**
Einwohner / Population / Population: **133,8 Mio.** · Fläche / Surface Area / Superficie: **923.768 km²**

NORWAY

T: Bjørnstjerne Bjørnson (1832-1910)
M: Rikard Nordraak (1842-1866)

Moderato

Ja, vi el - sker det - te lan - det, som det sti - ger frem fu - ret vær - bitt o - ver van - net, med de tu - sen hjem. Els - ker, els - ker det og ten - ker på vår far og mor og den sa - ga - natt som sen - ker drøm - me på vår jord, og den sa - ga - natt som sen - ker___ drøm - me på vår jord.

„Ja, vi elsker dette landet" („Ja, wir lieben dieses Land") lautet die Nationalhymne des Königreiches Norwegen. Die Worte stammen von dem Dichter und Literatur-Nobelpreisträger Bjørnstjerne Bjørnson (1832-1910) und wurden erstmals am 1. Oktober 1859 in der norwegischen Zeitung „Aftenbladet" veröffentlicht. Der Text ist jedoch erst zehn Jahre später vollendet worden. Vertont wurde das Gedicht von dem Komponisten Rikard Nordraak (1842-1866). Zum Anlass des 50-jährigen Bestehens der Verfassung sang man das Nationallied zum ersten Mal öffentlich in der Kommune Eidsvoll am 17. Mai 1864.

"Ja, vi elsker dette landet" ("Yes, We Love This Land") are the words of the national anthem of the Kingdom of Norway. The words were written by the poet and Nobel Laureate in Literature Bjørnstjerne Bjørnson (1832-1910) and were first published in the Norwegian newspaper "Aftenbladet" on 1 October 1859. The words were only completed ten years later, though. The poem was set to music by the composer Rikard Nordraak (1842-1866). On the 50th anniversary of the constitution the national anthem was sung for the first time in public in the parish of Eidsvoll on 17 May 1864.

«Ja, vi elsker dette landet» («Oui, nous aimons ce pays») est l'hymne national du Royaume de Norvège. Ces mots sont issus de la plume du poète et prix Nobel de littérature Bjørnstjerne Bjørnson (1832-1910), et furent publiés pour la première fois le 1er octobre 1859 dans le journal norvégien «Aftenbladet». Le texte ne fut cependant achevé que dix ans plus tard. Le poème fut mis en musique par le compositeur Rikard Nordraak (1842-1866). C'est à l'occasion du 50ème anniversaire de la Constitution à Eidsvoll le 17 mai 1864 que cet hymne fut chanté pour la première fois en public.

Offizieller Name / Official Name / Nom officiel: **Kongeriket Norge** · Hauptstadt / Capital / Capitale: **Oslo**
Einwohner / Population / Population: **4,5 Mio.** · Fläche / Surface Area / Superficie: **323.759 km²**

PARAGUAY

T: Remberto Giménez (1898-1977)
M: Francisco Acuña de Figueroa (1790-1862)

Marciale

A los pue - blos de A - mé - ri - ca in - faus - to, tres cen -

tu - rias un__ ce - tro o - pri - mió, Más un dí - a so -

ber - bia sur - gien - do, ¡Ba - sta!..., - di - jo y el

ce - tro rom - pió. Nue - stros pa - dres li -

dian - do gran - dio - sos, i - lus - tra - ron su glo - ria mar -

cial; Y tro - za - da la au - gus - ta dia - de - ma, e - nal -

za - ron el go - rro triun - fal! Y tro - za - da la au - gus - ta dia -

de - ma, e - nal - za - ron el go - rro triun - fal. Pa - ra-

gua - yos, Re-pú - bli-ca o muer - te! Nue - stro brí - o nos dió___ li - ber -
tad;___ Ni o - pre - so - res, ni sier - vos, a - lien - tan, Don - de
re - i - nan u - nión, é i - gual - dad.___ Ni o - pre - so - res, ni sier - vos, a -
lien - tan, Doin - de re - i - nan u - nión, é i - gual - dad, u - nión, é i - gual -
dad, u - nión, é i - gual - dad.___

„Paraguayos, República o muerte" („Paraguayer, Republik oder Tod!") lautet die Nationalhymne der Republik Paraguay und wurde von Francisco Acuña de Figueroa (1790-1862), dem Leiter der Staatsbibliothek des Landes Uruguay 1846 geschrieben. Die Vertonung stammt von Prof. Remberto Giménez (1898-1977), der in der paraguayischen Hauptstadt Asunción als Direktor der Musikhochschule tätig war. Durch einen Erlaß am 12. Mai 1934 wurde das Werk als Nationalhymne bestimmt.

"Paraguayos, République o muerte" ("Paraguayans, the Republic or Death!") are the words of the national anthem of the Republic of Paraguay, written in 1846 by the director of the state library of Uruguay, Francisco Acuña de Figueroa (1790-1862). The setting to music was done by Professor Remberto Giménez (1898-1977), who was director of the college of music in the Paraguayan capital Asunción. On 12th of May 1934 the work was declared by decree to be the national anthem.

«Paraguayos, República o muerte» («Paraguayens, la République ou la mort !») est le titre de l'hymne national de la République du Paraguay, écrit en 1846 par Francisco Acuña de Figueroa (1790-1862), Directeur de la Bibliothèque nationale de l'Uruguay. La mise en musique fut assurée par le Professeur Remberto Giménez (1898-1977), Directeur de l'Ecole supérieure de Musique de la capitale Asunción. Un décret en date du 12 mai 1934 instaura cette œuvre à titre d'hymne national.

Offizieller Name / Official Name / Nom officiel: **República del Paraguay** · Hauptstadt / Capital / Capitale: **Ascunción**
Einwohner / Population / Population: **6,3 Mio.** · Fläche / Surface Area / Superficie: **406.752 km²**

PHILIPPINES

T: José Palma (1876-1903)
M: Julian Felipe (1861-1944)

Alla marcia

Ba - yang ma - gi - liw, per - las ng Si - la - nga - nan, a - lab ng
Lu - pang hi - ni - rang, du - yan ka ng ma - gi - ting, sa man - lu -

pu - so sa dib - dib mo'y bu - hay.
lu - pig di ka pa - si - si____ il. Sa da - gat

at bun dok, sa si - moy at sa la - ngitmong bug -
ng wa - ta - wat mo'y ta - gum - pay na nag - ni - ning -

haw, may di - lag ang tu - la at a - wit sa pag -
ning; ang bi - tu - in at a - raw niya, kai - lan pa

la - yang mi - na - ma - hal. Ang kis - lap
ma'y di mag - di - di - lim, lu - pa ng

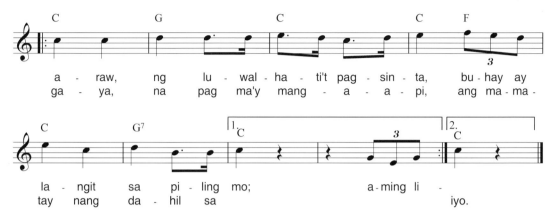

a - raw, ng lu - wal - ha - ti't pag - sin - ta, bu - hay ay
ga - ya, na pag ma'y mang - a - a - pi, ang ma - ma -

la - ngit sa pi - ling mo; a - ming li -
tay nang da - hil sa iyo.

Das Nationallied der Republik der Philippinen lautet „Lupang Hinirang" („Geliebtes Land"). Komponiert wurde das Stück Anfang Juni 1898 von Julian Felipe (1861-1944). Dem Führer der Unabhängigkeitsbewegung, General Emilio Aguinaldo, wurde die Musik vorgestellt und anlässlich der Unabhängigkeitserklärung am 12. Juni 1898 erstmals öffentlich gespielt. Der junge Soldat und Dichter José Palma (1876-1903) schrieb im Jahre 1899 den spanischen Text zu der Melodie. Zur Nationalhymne wurde das Werk im Jahre 1935 erhoben, jedoch mit einer Textversion in der philippinischen Nationalsprache Tagalog.

The national anthem of the Republic of the Philippines is "Lupang Hinirang" ("Beloved country"). The tune was composed by Julian Felipe (1861-1944) at the beginning of June 1898. The music was presented to the leader of the independence movement, general Emilio Aguinaldo and was played in public for the first time on the occasion of the declaration of independence on 12 June 1898. The young soldier and poet José Palma (1876-1903) wrote the Spanish words to the tune in 1899. The work was adopted as the national anthem in 1935, though with words in the Philippine national language Tagalog.

L'hymne national de la République des Philippines est «Lupang Hinirang» («Terre élue»). Ce morceau fut composé début juin 1898 par Julian Felipe (1861-1944). La musique fut présentée au chef du mouvement pour l'indépendance, le Général Emilio Aguinaldo, et joué pour la première fois en public le 12 juin 1898. Le jeune soldat et poète José Palma (1876-1903) écrivit en 1899 le texte espagnol sur la mélodie. L'œuvre fut déclarée hymne national en 1935 mais avec une version du texte dans la langue nationale des Philippines, le Tagalog.

Offizieller Name / Official Name / Nom officiel: **Republika ng Pilipinas** · Hauptstadt / Capital / Capitale: **Manila**
Einwohner / Population / Population: **84,6 Mio.** · Fläche / Surface Area / Superficie: **300.000 km²**

POLAND

T: Józef Wybicki (1747-1822)
M: Michael K. Oginski (1765-1833)

Allegretto vivace

Jeszc-ze Pol-ska nie zgi-nę - ła,__ kie-dy my ży-je-my. Co nam ob-ca

prze-moc wzię - ła,__ szab-lą od - bie-rze-my. Marsz, marsz, Dą - brow-ski,

z zie-mi wło-skiej do Pol-ski! Za two-im prze - wo-dem złąc-zym się z na-ro-dem.

„Mazurek Dabrowskiego" („Mazurka Dabrowskis") lautet der Nationalhymnentitel der Republik Polen. Die ursprüngliche Überschrift war „Piesn Legionów Polskich we Wloszech" („Lied der Polnischen Legionen in Italien"). Die Worte schrieb General Józef Wybicki (1747-1822), ein Mitglied polnischer Legionärstruppen. Die polnische Legion erhoffte sich, zusammen mit Napoleons Truppen einen Befreiungskampf um ihr eigenes Land zu führen. Als mögliche Komponisten der Melodie werden Michael K. Oginski (1765-1833) oder aber der Textautor selbst vermutet. Seit 1927 ist das Lied offiziell als Staatslied angenommen.

"Mazurek Dabrowskiego" ("Dabrowski's Mazurka") is title of the national anthem of the Republic of Poland. The original title was "Piesn Legionów Polskich we Wloszech" ("Song of the Polish Legions in Italy") and the words were written by General Józef Wybicki (1747-1822), a member of the Polish Legion. The Polish Legion was expected to join Napoleons' forces to fight for the liberation of their own country. The melody is thought to have been composed by Michael K. Oginski (1765-1833), or else by the author of the words. This song has been the official Polish national anthem since 1927.

«Mazurek Dabrowskiego» («Mazurka de Dabrowski») est le titre de l'hymne national de la République de Pologne. A l'origine, son titre était «Piesn Legionów Polskich we Wloszech» («Chant des légions polonaises en Italie»). Le texte fut écrit par le Général Józef Wybicki (1747-1822), membre des troupes légionnaires polonaises. La légion polonaise espérait pouvoir, en collaboration avec les troupes de Napoléon, mener un combat de libération de son propre pays. La mélodie peut être le fait de Michael K. Oginski (1765-1833) ou de l'auteur du texte lui-même. Depuis 1927, ce chant a été adopté définitivement à titre d'hymne national.

Offizieller Name / Official Name / Nom officiel: **Rzeczpospolita Polska** · Hauptstadt / Capital / Capitale: **Warszawa (Warschau)**
Einwohner / Population / Population: **38,6 Mio.** · Fläche / Surface Area / Superficie: **312.685 km²**

PORTUGAL

T: Henrique Lopes de Mendonça (1856-1931)
M: Alfredo Keil (1850-1907)

Allegro moderato

He-róis do mar, no-bre po-vo, na-ção va-len-te,__ i-mor-tal le-van-
tai ho-je de no-vo o'splen-dor de__ Por-tu-gal. Entr' as bru-mas
da me-mó-ria ó Pá-tria, sen-te-se a voz__ dos__ teus e-gré-gios a-
vós que há-de gui-ar-te à vi-tó-ria. Às ar-mas, às
ar-mas so-bre a ter-ra, so-bre o-mar. Às ar-mas, às ar-mas pe-la
Pá-tria lu-tar__ contr'os ca-nhões, mar-char, mar-char.

„A Portuguesa" („Die Portu-giesische") lautet der Hymnentitel der Republik Portugal. Der Text wurde 1890 von Henrique Lopes de Mendonça (1856-1931) verfasst. Die Musik komponierte der in Lissabon geborene Deutsche Alfredo Keil (1850-1907). Das Lied ist offizielle Nationalhymne, seit im Oktober 1910 die Republik Portugal ausgerufen wurde. In der portugiesischen Verfassung ist in Artikel 11 „A Portuguesa" als Nationalhymne festgeschrieben.

"A Portuguesa" ("The Portuguese song") is the title of the national anthem of Portugal. The words were written by Henrique Lopes de Mendonça (1856-1931) in 1890. The tune was composed by Alfredo Keil (1850-1907), a German born in Lisbon. The song has been the official national anthem since the declaration of the Republic of Portugal in October 1910. "A Portuguesa" is identified as the national anthem in article 11 of the Portuguese Constitution.

«A Portuguesa» («La Portugaise») est le titre de l'hymne national de la République du Portugal. Le texte fut écrit en 1890 par Henrique Lopes de Mendonça (1856-1931). L'Allemand Alfredo Keil (1850-1907), né a Lisbonne, composa la musique. Ce chant est l'hymne national officiel depuis la proclamation de la République du Portugal en octobre 1910. La Constitution portugaise fixe à l'article 11 «A Portuguesa» en tant qu'hymne national.

Offizieller Name / Official Name / Nom officiel: **República Portugesa** · Hauptstadt / Capital / Capitale: **Lisboa**
Einwohner / Population / Population: **10,1 Mio.** · Fläche / Surface Area / Superficie: **92.345 km²**

RUSSIA

T: Sergei Wladimirowitsch Michalkow (*1913)
M: Alexander Wassiljewitsch Alexandrow (1888-1946)

Ros - si - a sve-shtshe - na - ya na - sha dyer-zha - va, Ros -
Рос - си - я свя - щен - на - я на - ша дер-жа - ва, Рос -

si - a lu-byi - ma - ya na - sha stra - na, Mo - gu-tsha-ya vo - lya, ve -
си - я - лю-би - ма - я на - ша стра-на. Мо - гу - ча - я во - ля, ве -

li - ka - ya sla - va tva - yo do - sto-ya - nye na fsye vre - me-na!
ли - ка - я сла - ва - Тво - ё до - сто-я - нье на все вре - ме-на!

Sla - vsya,__ o - tye - tshe-stvo na - she__ sva -
Славь - ся,__ О - те - чест-во на - ше__ сво -

bo - dno - ye. bra - tskikh na - ro - dov sa - yuz ve - ka - voi,__
бод - но - е, Брат - ских на - ро - дов со - юз ве - ко - вой,__

Dm	G⁷		C		Bm	E⁷	

pred - ka - mi____ da - na - ya   mu - drost__ na -
Пред - ка - ми____ дан - на - я   му - дрость на -

Am		F	C	G⁷		C	

ro - dna-ya!   Sla - vsya, stra, na!   My gor-dyim - sya - ta boi!
род - на - я!   Славь-ся, стра на!   Мы гор-дим - ся то бой!

 Die „Hymne der Russischen Föderation" löste das zwischen 1991 und 2000 gültige „Patriotische Lied" als Nationalhymne ab. Das russische Staatslied erhielt danach wieder die von Alexander Wassiljewitsch Alexandrow (1888-1946) komponierte Melodie, welche bereits zur Hymne der Sowjetunion von 1944-1991 gesungen wurde. Der Dichter Sergei Wladimirowitsch Michalkow (*1913) verfaßte sowohl die Worte der ehemaligen Sowjethymne, als auch die neue Nationalhymne („Russland, unser geliebtes Land").

The "Anthem of the Russian Federation" replaced the "Patriotic Song" which was the national anthem between 1991 and 2000. The Russian anthem then reverted to the melody composed by Alexander Vassilievitch Alexandrov (1888-1946), which had previously been sung as the anthem of the Soviet Union from 1944 to 1991. The poet Sergei Vladimirovitch Michalkov (* 1913) was the author of both the former Soviet anthem and the new version ("Russia, our beloved country").

L' «Hymne de la Fédération de Russie» remplaça entre 1991 et 2000 la «Chanson patriotique» en vigueur aujourd'hui à titre d'hymne national. L'hymne russe recouvra alors la mélodie composée par Alexandr Vassilievich Alexandrev (1888-1946), sur laquelle était chanté déjà l'hymne de l'Union Soviétique de 1944 à 1991. Le poète Sergeï Vladimirovich Mikhalkov (*1913) écrivit aussi bien le texte de l'ancien hymne soviétique que du nouvel hymne («Russie, notre pays bien aimé»).

Offizieller Name / Official Name / Nom officiel: **Rossijskaja Federacija** · Hauptstadt / Capital / Capitale: **Moskva**
Einwohner / Population / Population: **148 Mio.** · Fläche / Surface Area / Superficie: **17.075.400 km²**

SAUDI ARABIA

T: Ibrahim Khafaji (*1935)
M: Abdul Rahman Al-Khateeb (*1923)

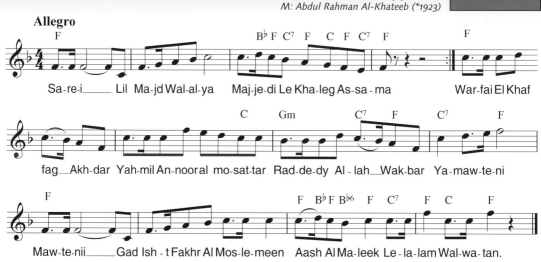

Allegro

Sa-re-i___ Lil Ma-jd Wal-al-ya Maj-je-di Le Kha-leg As-sa-ma War-fai El Khaf

fag__Akh-dar Yah-mil An-noor al mo-sat-tar Rad-de-dy Al - lah__Wak-bar Ya-maw-te-ni

Maw-te-nii___Gad Ish - t Fakhr Al Mos-le-meen Aash Al Ma-leek Le - la-lam Wal-wa-tan.

Arab.:

سارعي للمجد والعلياء
مجدي لخالق السماء
وارفعي الخفاق أخضر
يحمل النور المسطر
ردّدي الله أكبر ياموطني
موطني قد عشت فخر المسلمين
عاش الملك للعلم والوطن

Die Nationalhymne von Saudi-Arabien trägt den Titel „Asch al-Malik" („Lang lebe unser geliebter König"). In dem Text wird Gott gepriesen und darum gebeten, den König lebenslang zu erhalten. Der Liedtext wurde geschrieben von Ibrahim Khafaji (*1935) und die Musik stammt von Abdul Rahman Al-Khateeb (*1923). Das Lied wurde im Jahre 1950 als Nationalhymne angenommen.

The national anthem of Saudi-Arabia bears the title "Aash Al Maleek" ("Long Live Our Beloved King"). In the text God is praised and asked to grant the King of Saudi Arabia long life. The words of the song were written by Ibrahim Khafaji (* 1935) and the music was composed by Abdul Rahman Al-Khateeb (* 1923). The song was adopted as the national anthem in 1950.

L'hymne national de l'Arabie saoudite porte le titre de «Aah Al Maleek» («Longue vie à notre roi bien aimé»). Le texte fait la louange de Dieu et prie de préserver une longue vie au roi. Le texte de ce chant fut écrit par Ibrahim Khafaji (*1935), la musique est d'Abdoul Rahman Al-Khateeb (*1923). Ce chant fut adopté en tant qu'hymne national en 1950.

Offizieller Name / Official Name / Nom officiel: **Al-Mamlaka al-Arabiyya as-Sa'udiyya** · Hauptstadt / Capital / Capitale: **Ar-Riyād (Riad)** · Einwohner / Population / Population: **24,2 Mio.** · Fläche / Surface Area / Superficie: **2.240.000 km²**

SERBIA & MONTENEGRO

T: Samuel Tomášik (1813-1887)

Maestoso

Hej, Slo-ve - ni, jo - šte ži - vi___ duh na - ših de - do - va,
dok za na - rod sr - ce bi - je___ nij - ho - vih si - no - va.

Ži - vi, ži - vi, duh slo-ven - ski ži - ve-ćeš ve - kov - ma, za - lud pre - ti___

po - nor pa - kla___ za - lud va - tra gro - ma. za - lud va - tra gro - ma.

„Hej sloveni" war seit 1945 die Nationalhymne der ehemaligen Republik Jugoslawien. Der Slowake Samuel Tomášik (1813-1887) verfasste den Text ursprünglich unter dem Titel „Hej, Slováci". Die Worte wurden der Melodie der polnischen Hymne „Mazurek Dabrowskiego" unterlegt, die zum Text der Hymne von Serbien und Montenegro langsamer und akzentuierter gespielt wird. Das Werk könnte in Serbien bald von der Hymne „Bože Pravde" („Gott der Gerechtigkeit") abgelöst werden; Montenegro nahm bereits 2004 das von Sekula Drljevic (1885-1945) verfaßte Lied „Oj svijetla majska Zoro" („Oh, du helles Morgenrot des Mai") als Hymne an.

"Hej sloveni" was the national anthem of the former Yugoslav republic from 1945 onwards. The Slovakian Samuel Tomášik (1813-1887) wrote the words with the original title "Hej, Slováci". The words are set to the melody of the Polish anthem "Mazurek Dabrowskiego", which however is more heavily accented and played more slowly to the words of the anthem of Serbia and Montenegro. The work may be replaced in Serbia in the foreseeable future by the anthem "Bože Pravde" ("God of Justice"); Montenegro took on the song "Oj svijetla majska Zoro" ("Oh bright May dawn") by Sekula Drljevic (1885-1945) as its national anthem in 2004.

«Hej sloveni» est depuis 1945 l'hymne de l'ancienne République de Yougoslavie. Le Slovaque Samuel Tomášik (1813-1887) écrivit le texte à l'origine sous le titre de «Hej, Slováci», texte placé sur la mélodie de l'hymne polonais «Mazurek Dabrowskiego», jouée plus lentement et de manière plus accentuée dans le cas de l'hymne de la Serbie et du Monténégro. Il est possible que cette œuvre soit remplacée prochainement en Serbie par l'hymne «Bože Pravde» («Dieu de Justice») ; le Monténégro a adopté depuis 2004 le chant écrit par Sekula Drljevic (1885-1945) «Oj svijetla majska Zoro» («Oh, claire aurore de mai») comme l'hymne.

Offizieller Name / Official Name / Nom officiel: **Srbija i Crna Gora** · Hauptstadt / Capital / Capitale: **Belgrad**
Einwohner / Population / Population: **10,6 Mio.** · Fläche / Surface Area / Superficie: **102.350 km²**

SOUTH AFRICA

T: Enoch Mankayi Sontonga (1860-1904)
Cornelis Jacob Langenhoven (1873-1932)
M: Enoch Mankayi Sontonga (1860-1904)
Marthinus Lourens de Villiers (1885-1977)

Moderato

Nko-si Si-ke-le - li A - fri - ka. Ma-lu-pha-ka-nyi-swu pho-ndo lwa - yo.

Yi-zwa i - mi-tha-nda - zo ye-thu, Nko - si si-ke-le - la

thi - na lu sa-pho lwa - yo. Mo-re-na bo -lo - ka Se-tjha-ba sa he-so

O fe-di-se di-ntwa le ma -tshwe-nye - ho, O se bo-lo-ke O_____ se bo-lo-

ke, Se-tjha-ba sa he - so, Se-tjha-ba sa South A - fri - ka, South A - fri-

ka. Uit die blou van on - se he - mel, uit die diep -te__ van ons

see, oor ons e - wi - ge ge - berg - tes waar die kran-se__ ant-woord

gee, Sounds the call to come to - ge - ther, and u - ni - ted we shall stand, Let us live and strive for free - dom in South A - fri - ca our Land.

„Die Stem van Suid-Afrika" („Der Ruf von Südafrika"), ein im Jahre 1918 verfasstes Gedicht des Autors Cornelis Jacob Langenhoven (1873-1932), war seit dem 2. Mai 1957 die alleinige offizielle Hymne Südafrikas. Vertont wurde der Text von Marthinus Lourens de Villiers (1885-1977) im Jahre 1921. Die südafrikanische Freiheitsbewegung FNC verwendete jedoch bereits seit 1925 als Hymne das Kirchenlied „Nkosi sikelel i'Africa"; die Worte schrieb Enoch Mankayi Sontonga (1860-1904), Lehrer einer methodistischen Missionsschule in Johannesburg. Nach dem Ende der Apartheid wurde „Nkosi sikelel i'Africa" 1994 als Nationalhymne Südafrikas offiziell anerkannt. Seit 1997 besteht die südafrikanische Nationalhymne aus Teilen von „Nkosi sikelel i'Africa" und „Die Stem". Der heutige Text kombiniert vier der elf offiziellen Landessprachen: Xhosa, Sesotho, Afrikaans und Englisch.

"Die Stem van Suid-Afrika" ("The Call of South Africa"), a poem written by Cornelis Jacob Langenhoven (1873-1932) in 1918, was the only official anthem of South Africa from 2 May 1957 onwards. The words by Marthinus Lourens de Villiers (1885-1977) were set to music in the year 1921. The South African Liberation Movement FNC had already been using the hymn "Nkosi sikelel i'Africa" as its anthem since 1925, however; the words were by Enoch Mankayi Sontonga (1860-1904), a teacher at a Methodistic mission school in Johannesburg. After the end of apartheid "Nkosi sikelel i'Africa" was officially adopted as the national anthem of South Africa in 1994. Since 1997 the South African national anthem has consisted of parts of "Nkosi sikelel i'Africa" and "The Call of South Africa". The words used today combine four of the eleven official national languages: Xhosa, Sesotho, Afrikaans and English.

«Die Stem van Suid-Afrika» («L'appel de l'Afrique du Sud»), poème écrit en 1918 par Cornelis Jacob Langenhoven (1873-1932), était depuis le 2 mai 1957 le seul hymne officiel de l'Afrique du Sud. Le texte fut mis en musique en 1921 par Marthinus Lourens de Villiers (1885-1977). Le mouvement de libération sud-africain FNC cependant, utilisait depuis 1925 déjà le chant religieux «Nkosi sikelel i'Africa», dont Enoch Mankayi Sontonga (1860-1904), enseignant à l'école de la mission méthodiste de Johannesburg, écrivit le texte. A la fin de l'apartheid, «Nkosi sikelel i'Africa» 1994 fut reconnu officiellement hymne national de l'Afrique du Sud. Depuis 1997, l'hymne national de l'Afrique du Sud se compose des parties «Nkosi sikelel i'Africa» et «Die Stem». Le texte actuel combine quatre des onze langues officielles du pays: xhosa, sotho, afrikaans et anglais.

Offizieller Name / Official Name / Nom officiel: **Republic of South Africa** · Hauptstadt / Capital / Capitale: **Pretoria**
Einwohner / Population / Population: **42,7 Mio.** · Fläche / Surface Area / Superficie: **1.219.080 km²**

SOUTH KOREA

M: Ahn Eak-Tai (1905-1965)

Moderato

Dong-hae mul-gua Baek-du-san-i ma ru go dal to rok
동 해 물 과 백 두 산 이 마 르 고 닳 도 록

Ha-nu nim-i bo u-ha sa u-ri na-ra-man-se Mu-gung hua
하 느 님 이 보 우-하 사 우 리 나 라 만 세 무 - 궁 화

sam-tscheon-ri hua ryeo Gang - san Dae - han-sa-ram
삼 - 천 리 화 려 강 - 산 대 한 사 람

Dae - han - u - ro gi - ri bo-jeon ha - se.
대 한 - 으 로 길 이 보 전 하 세

Mit „Aegukga" ist die Nationalhymne der Republik Korea überschrieben. Der Titel bedeutet „Das Lied der Liebe für das Land". Allgemein wird angenommen, dass der Liedtext zum Ende des 19. Jahrhunderts entweder von dem Politiker Yun Chi-Ho (1865-1946) oder dem Unabhängigkeitsführer und Erzieher An Chang-Ho (1878-1938) geschrieben wurde. Ursprünglich sang man den Text zur Melodie des schottischen Volksliedes „Auld Lang Syne". Im Jahre 1935 komponierte dann Ahn Eak-Tai (1905-1965), der lange Zeit in Spanien lebte, eine neue Musik. Seit 1948, dem Gründungsjahr der Republik Korea, ist „Aegukga" offizielle Nationalhymne.

The national anthem of the Republic of Korea is entitled "Aegukga". The title means "The Song of Love for our Country". It is generally believed that the words were written at the end of the 19th Century, either by the politician Yun Chi-Ho (1865-1946) or by the teacher and leader of the independence movement An Chang-Ho (1878-1938). The words were originally chanted to the melody of the Scottish folk song "Auld Lang Syne". A new tune was composed in 1935 by Ahn Eak-Tai (1905-1965), who lived in Spain for a long time. "Aegukga" has been the official national anthem since 1948, the year of the foundation of the Korean Republic.

L'hymne national de la République de Corée porte le titre d'«Aegukga», ce qui signifie «Le chant de l'amour de la nation». On suppose généralement que le texte fut rédigé à la fin du XIXème siècle, soit par l'homme politique Yun Chi-Ho (1865-1946), soit par le chef du mouvement pour l'indépendance et pédagogue An Chang-Ho (1878-1938). A l'origine, le texte était chanté sur la mélodie du chant populaire écossais «Auld Lang Syne». En 1935, Ahn Eak-tay (1905-1965), qui vécut longtemps en Espagne, composa une nouvelle musique. Depuis 1948, l'année de la fondation de la République de Corée, «Aegukga» est l'hymne officiel.

Offizieller Name / Official Name / Nom officiel: **Daehanminguk** · Hauptstadt / Capital / Capitale: **Sŏul (Seoul)**
Einwohner / Population / Population: **48,3 Mio.** · Fläche / Surface Area / Superficie: **99.313 km²**

SPAIN

T: José Maria Pemán y Pemartin (1897-1981)
M: unknown / unbekannt / inconnu

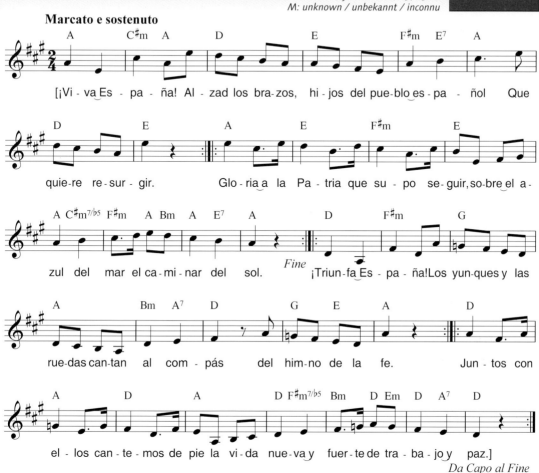

Marcato e sostenuto

[¡Vi - va Es - pa - ña! Al - zad los bra - zos, hi - jos del pue-blo es - pa - ñol Que

quie-re re - sur - gir. Glo - ria a la Pa - tria que su - po se - guir, so-bre el a-

zul del mar el ca - mi - nar del sol. *Fine* ¡Triun-fa Es - pa - ña! Los yun-ques y las

rue-das can-tan al com - pás del him-no de la fe. Jun - tos con

el - los can - te - mos de pie la vi - da nue-va y fuer-te de tra - ba - jo y paz.]

Da Capo al Fine

Der „Marcha Real" („Königlicher Marsch") ist die Nationalhymne des Königreiches Spanien. Wie die Hymne entstand, ist nicht bekannt; man vermutet, daß die Melodie von einem deutschen Komponisten im Jahre 1770 geschrieben wurde, welche dann Friedrich der Große dem spanischen König Karl III. als Geschenk übergab. Es ist aber auch möglich, daß diese Melodie den „Marcha Granadera" („Grenadiermarsch") des im Jahre 1675 entstandenen Korps der Grenadiere darstellt, welche der Hof-Oboist Manuel de Espinosa unter Karl III. 1761 in einem Dokument erwähnte; Espinosa soll den Marsch für Militärkapellen neu arrangiert haben. Zur Musik gibt es keinen offiziellen Text – der gebräuchlichste stammt von José Maria Pemán y Pemartin (1897-1981) aus dem Jahre 1928. Am 3. September 1770 wurde die Komposition von Karl III. zum „Ehrenmarsch" deklariert. Seit 1837 ist der „Marcha Real" die offizielle Hymne.

The "Marcha Real" ("Royal March") is the national anthem of the Kingdom of Spain. The origins of the anthem are unknown; the melody is thought to have been written by a German composer in 1770 as a gift from Frederick II of Prussia to the Spanish King Carlos III. But it is also possible that this melody represents the "Marcha Granadera" ("March of the Grenadiers") of the corps of grenadiers, which Manuel de Espinosa, court oboist under King Carlos III, mentioned in a document written in 1761; Espinosa is said to have arranged the march for military bands. There are no official words to the music – the words most commonly used are by José Maria Pemán y Pemartin (1897-1981), written in 1928. On 3 September 1770 the composition was declared a "march of honour" by King Carlos III. The "Marcha Real" has been the country's official anthem since 1837.

La «Marcha Real» («Marche royale») est l'hymne national du Royaume d'Espagne. Sa genèse est inconnue; on suppose que la mélodie fut composée par un compositeur allemand en 1770, et remise en cadeau au roi d'Espagne Charles III par Frédéric le Grand. Mais il est aussi possible qu'il s'agisse de la «Marcha Granadera», la marche du Corps des Grenadiers, formé en 1675, mentionnée dans un document de 1761 par Manuel de Espinosa, hautboïste à la Cour; Espinosa aurait réarrangé cette marche, destinée à des orchestres militaires. Il n'y a pas de texte officiel associé à cette musique – le plus couramment utilisé est celui de José Maria Pemán y Pemartin (1897-1981), de 1928. Le 3 septembre 1770, Charles III fit de cette composition la «Marche d'honneur». Depuis 1837, la «Marcha Real» est l'hymne officiel du pays.

Offizieller Name / Official Name / Nom officiel: **Reino de España** · Hauptstadt / Capital / Capitale: **Madrid**
Einwohner / Population / Population: **40,2 Mio.** · Fläche / Surface Area / Superficie: **504.782 km²**

SWEDEN

T: Richard Dybeck (1811-1877)
M: unknown / unbekannt / inconnu

Maestoso

Du gam - la, du fri - a, du fjäll - hö - ga Nord, du tys - ta du gläd-je - ri - ka skö - na. Jag häl - sar dig, vä - nas-te land͜ up-på jord, din sol din him-mel di - na äng-der grö - na, din sol din him-mel di - na äng-der grö - na.

Der ursprüngliche Titel der schwedischen Nationalhymne lautete „Sång till Norden" („Lied des Nordens"). Das Lied beginnt mit den Worten „Du gamla, Du fria, du fjällhöga Nord" („Du alter, du freier, gebirgiger Nord"). Der Volkskundler und Balladendichter Richard Dybeck (1811-1877) verfasste den Text. Die Melodie geht auf ein Volkslied aus der Provinz Västmanland zurück; der schwedische Komponist Edvin Kallstenius (1881-1967) arbeitete die heute gängige Fassung aus. Erstmals öffentlich gesungen wurde das Werk im Jahre 1844.

"Sång till Norden" ("Song of the North") was the original title of the Swedish national anthem. The song begins with the words "Du gamla, Du fria, du fjällhöga Nord" ("Thou Ancient, Thou Beautiful, Thou Mountainous North"), written by Richard Dybeck (1811-1877), a folklorist and composer of ballads. The melody has its origins in a Swedish folk tune from the province of Västmanland; the Swedish composer Edvin Kallstenius (1881-1967) worked out the version that is used today. The work was sung in public for the first time in 1844.

Le titre original de l'hymne national suédois était «Sång till Norden» («Chant du Nord»). Le chant commence par les mots «Du gamla, Du fria, du fjällhöga Nord» («Toi Nord antique, libre et montagneux»). Richard Dybeck (1811-1877), folkloriste et poète auteur de ballades, en rédigea le texte. La mélodie trouve ses origines dans une chanson populaire de la province de Västmanland ; le compositeur suédois Edvin Kallstenius (1881-1967) élabora la version actuellement courante. L'œuvre fut chantée pour la première fois en public en 1844.

Offizieller Name / Official Name / Nom officiel: **Konungariket Sverige** · Hauptstadt / Capital / Capitale: **Stockholm**
Einwohner / Population / Population: **8,8 Mio.** · Fläche / Surface Area / Superficie: **449.964 km²**

SWITZERLAND

T: Leonhard Widmer (1808-1868)
M: Johann Rudolf Wyß (1782-1830)

Solenne

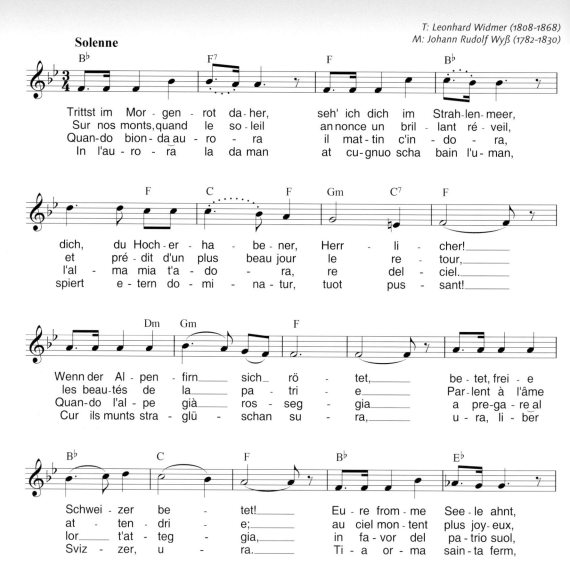

Trittst im Mor - gen - rot da - her, seh' ich dich im Strah-len-meer,
Sur nos monts, quand le so - leil an nonce un bril - lant ré - veil,
Quan-do bion-da au - ro - ra il mat - tin c'in - do - ra,
In l'au - ro - rà la da man at cu-gnuo scha bain l'u-man,

dich, du Hoch - er - ha - be - ner, Herr - li - cher!_____
et pré - dit d'un plus beau jour le re - tour,_____
l'al - ma mia t'a - do - ra, re del - ciel._____
spiert e - tern do - mi - na - tur, tuot pus - sant!_____

Wenn der Al - pen - firn_____ sich_ rö - tet,_____ be - tet, frei - e
les beau-tés de la_____ pa - tri - e_____ Par-lent à l'âme
Quan-do l'al - pe già_____ ros - seg - gia_____ a pre-ga-re al
Cur ils munts stra - glü - schan su - ra,_____ u - ra, li - ber

Schwei - zer be - tet!_____ Eu - re from - me See - le ahnt,
at - ten - dri - e;_____ au ciel mon - tent plus joy - eux,
lor_____ t'at - teg - gia,_____ in fa - vor del pa - trio suol,
Sviz - zer, u - ra._____ Ti - a or - ma sain - ta ferm,

70

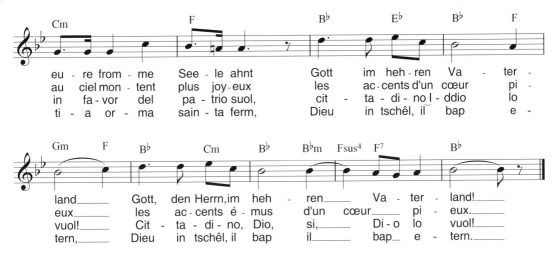

Cm — **F** — **B♭** — **E♭** — **B♭** — **F**

eu - re from - me	See - le ahnt	Gott	im heh - ren	Va - ter -
au ciel mon - tent	plus joy - eux	les	ac - cents d'un cœur	pi -
in fa - vor del	pa - trio suol,	cit - ta - di - no I - ddio	lo
ti - a or - ma	sain - ta ferm,	Dieu	in tschêl, il	bap	e -

Gm — **F** — **B♭** — **Cm** — **B♭** — **B♭m** — **Fsus⁴** — **F⁷** — **B♭**

land____	Gott,	den Herrn, im heh - ren____	Va - ter - land!
eux____	les	ac - cents é - mus	d'un cœur____	pi - eux.
vuol!____	Cit - ta - di - no, Dio,	si,____	Di - o lo	vuol!
tern,____	Dieu	in tschêl, il bap	il____	bap_ e - tern.

Die Nationalhymne der Schweiz ist der sogenannte „Schweizerpsalm". Die Melodie wurde von Alberich Zwyssig (1808-1854), einem Zisterziensermönch des Klosters Wettingen, komponiert. Der Text stammt von Leonhard Widmer (1808-1868), einem Verleger. Der „Schweizerpsalm" ist erst seit dem Jahre 1961 die offizielle Nationalhymne und ist in den Jahren 1965, 1975 und 1981 vom Schweizer Bundesrat bestätigt worden. Zuvor verwendete man das von Johann Rudolf Wyß (1782-1830) geschriebene Gedicht „Rufst Du mein Vaterland" zur Melodie der britischen Hymne. Ein offizieller Text zum Schweizerpsalm existiert in allen vier Landessprachen der Schweiz.

The national anthem of Switzerland is known as the "Schweizerpsalm" ("Swiss Psalm"). The melody was composed by Alberich Zwyssig (1808-1854), a Cistercian monk at the monastery in Wettingen. The words were written by the publisher Leonhard Widmer (1808-1868). The Schweizerpsalm has only been the official national anthem since 1961 and was confirmed as such in 1965, 1975 and 1981 by the Swiss Federal Council. Before that, the poem "Rufst Du mein Vaterland" ("When you call, my fatherland") by Johann Rudolf Wyß (1782-1830) was used to the tune of the British anthem. An official text to the Schweizerpsalm exists in all four official languages of Switzerland.

L'hymne national de la Suisse est ce que l'on appelle le «Cantique suisse». La mélodie fut composée par Alberich Zwyssig (1808-1854), moine cistercien du cloître de Wettingen. Le texte est de la plume de Leonhard Widmer (1808-1868), un éditeur. Le «Cantique suisse» n'est hymne national officiel de la Suisse que depuis 1961, et fut confirmé à ce titre par le Conseil fédéral en 1965, 1975 et 1981. Etait utilisé auparavant le poème de Johann Rudolf Wyß (1782-1830) «Rufst Du mein Vaterland» sur la mélodie de l'hymne britannique. Il existe un texte officiel pour le «Cantique suisse» dans les quatre langues administratives de la Suisse.

Offizieller Name / Official Name / Nom officiel: **Schweizerische Eidgenossenschaft** · Hauptstadt / Capital / Capitale: **Bern**
Einwohner / Population / Population: **7,3 Mio.** · Fläche / Surface Area / Superficie: **41.285 km²**

THAILAND

T: Luang Saranupraphan (1896-1954) oder Khun Vichit Madrah
M: Peter Feit (1883-1968)

Allegretto

Pra-des_ Thai ru-am lu-ed nua chat chua Thai. Pen pra--cha-rat_ pha-thai kong
ประ-เทศ-ไทย รวมเลือด เนื้อ-ชาต เชื้อ ไทย_ เป็น ประ-ชา รัฐ-ไผท_ ของ

Thai took suan. Yu dam-rong kong wai_ dai tang muan, du-ey Thai luan-mai_ rak sa
ไทย ทุก ส่วน อยู่ ดำ-รง คง ไว้-ได้ ทั้ง มวล ด้วยไทย ล้วน-หมาย_ รัก สา

mag - gi. Thai ni rak san-gob, tae tüng rob mai klaod. Ek - ka
มัค - ค ไทย น รัก ส-งบ แต่ ถึง รบ ไม่ ขลาด เอก -

rat cha mai hai krai kom kee._ Sa-la - lu-ed took yaard pen chat
- ราช จะ ไม่ ให้ ใคร ข่ม ข_ ส-ละ - เลือด ทุก-หยาดเป็นชาติพ

pli._ Ta-loeng pra-des chat Thai ta wee mee chai cha-yo._
ล_ เถล งป ระ เทศชาต_ ไทย ทวี-ม ชัย ช-โย

Die Nationalhymne des Königreiches Thailand heißt „Phleng Chat". Komponiert wurde die Musik von Peter Feit (1883-1968), einem Sohn deutscher Einwanderer. Dessen Name lautet im thailändischen Phra Chen-Duriyang; dieser Titel wurde Feit von König Phra Mongkut Klao Chaoyuhua verliehen, der ihn zum Königlichen Beauftragten für Musik ernannte. Der siamesische Text stammt wohl von Luang Saranupraphan (1896-1954) oder Khun Vichit Madrah. „Phleng Chat" ist seit dem 10. Dezember 1939 offizielle Hymne und wird täglich in den Schulen Thailands gesungen.

The national anthem of the Kingdom of Thailand is called "Phleng Chat". The music was composed by Peter Feit (1883-1968), the son of German immigrants. In Thai his name is Phra Chen Duriyang: this title was conferred upon him by King Phra Mongkut Klao Chaoyuhua, who appointed him Royal representative for music. The Siamese words were probably written by Luang Saranupraphan (1896-1954) or Khun Vichit Madrah. "Phleng Chat" has been the official national anthem since 10 December 1939. The song is sung daily in schools all over Thailand.

L'hymne national du Royaume de Thaïlande est «Phleng Chat». La musique fut composée par Peter Feit (1883-1968), fils d'émigrés allemands. Son nom thaïlandais est Phra Jenduriyang, titre qui lui fut attribué par le roi Phra Mongkut Klao Chaoyuhua, qui le nomma Délégué royal à la Musique. Le texte en langue siamoise est probablement de Luang Saranupraphan (1896-1954) ou de Khun Vichit Madrah. «Phleng Chat» est l'hymne national officiel depuis le 10 décembre 1939. Il est chanté tous les jours dans les écoles de Thaïlande.

Offizieller Name / Official Name / Nom officiel: **Prathet Thai /Muang Thai** · Hauptstadt / Capital / Capitale: **Krung Thep (Bangkok)**
Einwohner / Population / Population: **64,2 Mio.** · Fläche / Surface Area / Superficie: **513.115 km²**

TOGO

T / M: Alex Casimir-Dosseh (*1923)

Maestoso

Sa-lut à toi, pa - ys de nos___ a - ïeux! Toi qui les ren-dais forts, pai-si-bles et joy-

eux Cul - ti - vant ver - tu, vail-lan - ce,___ Pour la pos-té - ri -

té. Que vien-nent les ty-rans, ton cœur sou-pi - re vers la li - ber -

té. To - go, de - bout! Lut-tons sans dé-fail-lan-ce, Vain-quons ou mou-rons, mais

dans la dig - ni - té. Grand Dieu, Toi seul nous as ex - al-tés Du To-

go pour la pros - pé - ri-té To-go-lais, viens! Bâ-tis-sons la Ci - té.

„Salut à toi, pays de nos aïe-ux" („Gegrüßt seist du, Land unserer Vorväter") lautet seit der vollen Unabhängigkeit von Frankreich 1960 die Nationalhymne der Republik Togo. Sie wurde von Alex Casimir-Dosseh (*1923) verfaßt. Zwischen 1979 und 1992 wurde eine andere Nationalhymne gesungen. Mit den demokratischen Reformen um 1990 nahm man jedoch die ursprüngli-che Hymne wieder als Staatslied an.

"Salut à toi, pays de nos aïeux" ("Hail to thee, land of our forefathers") has been the an-them of the Togolese Republic since the country was granted full independ-ence of France in 1960. The anthem was written by Alex Casimir-Dosseh (* 1923). Between 1979 and 1992 anoth-er song was used as the anthem, but with democratic reforms in about 1990 the original anthem was readopted.

«Salut à toi, pays de nos aïeux» est l'hymne national de la République du Togo depuis l'ob-tention de la pleine indépendance de la France en 1960. L'œuvre fut compo-sée dans son ensemble par Alex Casi-mir-Dosseh (*1923). Un autre chant fut utilisé à titre d'hymne national de 1979 à 1992. Avec les réformes démocra-tiques aux environs de 1990 cepen-dant, l'hymne d'origine reprit sa place.

Offizieller Name / Official Name / Nom officiel: **République togolaise** · Hauptstadt / Capital / Capitale: **Lomé**
Einwohner / Population / Population: **5,5 Mio.** · Fläche / Surface Area / Superficie: **56.785 km²**

TRINIDAD & TOBAGO

T / M: Patrick Stanislaus Castagne (1916-2000)

Alla marcia moderato

Forged from the love of li - ber-ty, in the fires of hope and prayer. With
bound-less faith in our des - ti - ny, we so-lemn-ly de clare. Side by side we
stand, Is - lands of the blue Car - ib - bean Sea. This our na - tive
land, we pledge our lives to thee. Here ev'-ry creed and race find an
e - qual place, And may God bless our na - tion. Here ev'-ry na - tion.

Die Nationalhymne von Trinidad und Tobago heißt „Forged From The Love of Liberty" („Geschmiedet aus der Liebe zur Freiheit"). Text und Musik wurden von Patrick Stanislaus Castagne (1916-2000) geschrieben. Zunächst war das Werk als Hymne der Westindischen Föderation vorgesehen, die von 1958 bis 1962 existierte. Anläßlich der endgültigen Unabhängigkeit von Trinidad & Tobago am 31. August 1962, das sich von Großbritannien loslöste, schrieb der Inselstaat einen Wettbewerb um die Nationalhymne aus, den Castagne gewann.

The national anthem of Trinidad and Tobago is called "Forged From The Love of Liberty". The words and music were written by the author and composer Patrick Stanislaus Castagne (1916-2000). The work was originally intended as the anthem of the West Indian Federation, which existed from 1958 to 1962. On the occasion of the final independence of Trinidad & Tobago on 31 August 1962, ending its period of rule by Great Britain, the island state held a competition to choose a national anthem and Castagne emerged victorious.

Le titre de l'hymne national de Trinidad & Tobago est «Forged From The Love of Liberty» («Forgé par l'amour de la liberté»). Le texte et la musique furent écrits par Patrick Stanislaus Castagne (1916-2000). L'œuvre était tout d'abord prévue pour devenir l'hymne de la Fédération des Indes occidentales, qui existait de 1958 à 1962. A l'occasion de l'indépendance de Trinidad & Tobago le 31 août 1962, qui se détacha de la Grande-Bretagne, un concours fut organisé en vue de l'adoption d'un hymne national. Castagne remporta le premier prix.

Offizieller Name / Official Name / Nom officiel: **Republic of Trinidad and Tobago** · Hauptstadt / Capital / Capitale: **Port of Spain**
Einwohner / Population / Population: **1,3 Mio.** · Fläche / Surface Area / Superficie: **5.128 km²**

TUNISIA

T: Mustafa Sadik al-Rafii (1880-1937)
M: Mohamed Abdel Wahab (1915-1991)

Tempo di Marcia

Hu-māt al-ḥi-mā yā ḥu-māt al-ḥi-mā, Ha-lum-mū ha-lum-mū li-

maǧ-di z-za-man. La-qad ṣa-ra-gad fī ʿu-rū-qi-nā d–da mā' Na-mū-tu na-

mū-tu wa-yaḥ-yāl-wa-tan. *Fine* 1. Li-tad-wī s-sa-mā-wā-tu bi-ra__ ʿdi-
la ʿiz-zi Tū-ni-sa ilā maǧ-di-

hā, Li-tar-mi s-ṣa-wā-ʿi-qu nī-rā-na-hā. 2. I- [4. mi]
hā, Ri-ǧā-la l-bi-lād wa-šub-bā-na-hā. *Da Capo al Fine*

3. Falā ʿaša fī Tūnisa man hānahā
   Walā ʿaša man laisa min ǧundihā.

4. Namūtu wa-nahyā ʿalā ʿahdihā
   Hayatā l-kirāmi wa-mauta l-ʿizāmi.

Offizieller Name / Official Name / Nom officiel: **Al-Ǧumhūrijja at-Tūnisiyya** · Hauptstadt / Capital / Capitale: **Tunis**
Einwohner / Population / Population: **9,9 Mio.** · Fläche / Surface Area / Superficie: **163.610 km²**

TURKEY

T: Mehmet Akif Ersoy (1873-1936)
M: Osman Zeki Ungor (1880-1958)

Tempo di marcia

Kork - ma sön - mez bu şa - fak - lar - da yü - zen al san -
ma! kur - ban o - lay - ım çeh - re - ni ey naz-lı hi -

cak sön-me-den yur - du - mun üs - tün-de tü-ten en son o-cak. O
lâl Kah-ra-man ır - kı - ma bir gül ne bu şid-det bu ce-lâl Sa

be - nim mil-le - ti - min Yıl-dı - zı-dır par - la - ya-cak.O be-
na ol - maz dö - kü - len kan-la-rı-mız son - ra he - lâl hak-kı -

nim - dir, o be-nim mil - le - ti - min-dir an - cak. Çat -
dır hak - ka ta-pan mil - let-im - in i - stik - lâl.

„Istiklâl Marsi" („Unabhän-gigkeitsmarsch") ist die Na-tionalhymne der Republik Türkei. Der Dichter Mehmet Akif Ersoy (1873-1936) schrieb die Worte anläßlich eines Wettbewerbs; sein Werk wurde unter 724 Einsendungen ausgewählt. Die Melodie verfasste Osman Zeki Ungor (1880-1958). Am 12. März 1921 wurde das Lied offiziell als Nationalhymne angenommen.

"Istiklâl Marsi" ("March of Independence ") is the national anthem of the Republic of Turkey. The poet Mehmet Akif Ersoy (1873-1936) wrote the words for a competition where his work was chosen out of 724 entries. The melody was composed by Osman Zeki Üngör (1880-1958). On the 12 March 1921 the song was officially adopted as the Turkish national anthem.

«Istiklâl Marsi» («Marche de l'Indépendance») est l'hym-ne national de la République turque. Le poète Mehmet Akif Ersoy (1873-1936) écrivit le texte à l'occasion d'un concours ; son œuvre fut choisie parmi 724 envois. La mélodie est le fait d'Os-man Zeki Üngör (1880-1958). Ce chant fut officiellement adopté en tant qu'hymne national le 12 mars 1921.

Offizieller Name / Official Name / Nom officiel: **Türkiye Cumhuriyeti** · Hauptstadt / Capital / Capitale: **Ankara**
Einwohner / Population / Population: **68,1 Mio.** · Fläche / Surface Area / Superficie: **779.452 km²**

UKRAINE

T: Pawlo Platonowytsch Tschubynskyj (1839-1884)
M: Michailo Werbyzkyj (1815-1870)

Maestoso

Schtsche ne wmer - la U - kra - ji - na, i sla - wa, i wo - lja,
Ще не вмер - ла У - кра - ї - на i сла - ва, i во - ля,

schtsche nam, brat - tja mo - lo - di - ji, u - smich - net - sja do - lja. Sgy - nut na - schi
Ще нам, брат - тя мо - ло - ді - ї, у - сміх - неть - ся до - ля. Зги - нуть на - ші

wo - ro - schen - ky, jak ros - sa na son - zi, sa - pa - nu - jem
во - ро - жень - ки, як ро - са на сон - ці, За - па - ну - єм

i_____ my, brat - tja, u swo - ji sto - ron - zi. Du - schu, ti - lo
i_____ ми, брат - тя, у сво - їй сто - рон - ці. Ду - шу, ті - ло

my po - lo - schym sa na - schu swo - bo - du, i po - ka - schem,
ми по - ло - жим за на - шу сво - бо - ду, I по - ка - жем,

schtscho my, brat - tja, ko - saz - ko - wo ro - du. ro - du.
що ми, брат - тя, ко - заць - ко - го ро - ду. ро - ду.

Der Dichter Pawlo Platonowytsch Tschubynskyj (1839-1884) verfaßte im Jahre 1862 das von patriotischem Charakter geprägte Gedicht „Noch ist die Ukraine nicht gestorben". Von 1917 bis 1920 war das Werk Hymne der jungen ukrainischen Volksrepublik.Nach der Auflösung der Sowjetunion und Erlangung der Unabhängigkeit im Jahre 1991 schrieb man die von Michailo Werbyzkyj (1815-1870) komponierte Musik in Artikel 20 der ukrainischen Verfassung als Hymne fest. Am 6. März 2003 brachte Präsident Leonid Kutschma das Gesetz „Über die Nationalhymne der Ukraine" ein, über das der Oberste Rat befand. Die erste Strophe und der Refrain von Tschubynskyjs Gedicht wurde in leicht abgewandelter Form als Nationalhymne bestimmt.

The poet Pavlo Platonovitch Chubinskyi (1839-1884) wrote the patriotic poem "Ukraine is not dead yet" in 1862. From 1917 to 1920 the work was the anthem of the new Ukrainian People's Republic. After the dissolution of the Soviet Union and attainment of independence in 1991, the music by Michailo Werbitskyi (1815-1870) was identified as the national anthem in Article 20 of the Ukrainian constitution. On 6 March 2003 President Leonid Kutchma proposed a law "Concerning the national anthem of the Ukraine", which was passed by the Supreme Council. The first stanza and the chorus of Chubinskyi's poem were adopted in a slightly modified version as the national anthem.

Le poète Pavlo Platonovich Tchoubynsky (1839-1884) écrivit en 1862 le poème de caractère patriotique «L'Ukraine n'est pas encore morte». De 1917 à 1920, cette œuvre fut l'hymne national de la jeune République populaire d'Ukraine. Après la dissolution de l'Union soviétique et l'obtention de l'indépendance en 1991, la musique composée par Michailo Werbyzkyj (1815-1870) fut ancrée dans l'article 20 de la Constitution ukrainienne à titre d'hymne national. Le 6 mars 2003, le Président Leonid Koutschma présenta le projet de loi «Sur l'hymne national de l'Ukraine», sur lequel se prononça le Conseil suprême. La première strophe et le refrain du poème de Tchoubynsky furent adoptés à titre d'hymne national sous une forme légèrement modifiée.

Offizieller Name / Official Name / Nom officiel: **Ukrayina** · Hauptstadt / Capital / Capitale: **Kyjiw (Kiew)**
Einwohner / Population / Population: **49,9 Mio.** · Fläche / Surface Area / Superficie: **603.700 km²**

USA

T: Francis Scott Key (1779-1843)
M: John Stafford Smith (1750-1836)

Die Nationalhymne der USA trägt den Titel „The Star-Spangled Banner" („Das sternenbesäte Banner"). Den Text schrieb 1814 der Rechtsanwalt Francis Scott Key (1779-1843) zu Zeiten des englisch-amerikanischen Krieges. In der Nacht vom 13. auf den 14. September befand sich Key in Gefangenschaft auf einem britischen Schiff; im Morgengrauen sah er trotz einer schweren Kampfnacht die amerikanische Flagge weiter über dem Fort McHenry bei Baltimore wehen. Erleichtert darüber, dass Amerika den britischen Angriffen standhielt, verfasste Key das Gedicht. Die Melodie ist dem englischen Lied „To Anacreon in Heaven" entnommen, das von John Stafford Smith (1750-1836) verfasst wurde. Das Gedicht von Key wurde 1931 zur Nationalhymne erklärt.

The national anthem of the United States of America bears the title "The Star Spangled Banner". The words were written by the attorney Francis Scott Key (1779-1843) in 1814, during the War of Independence. On the night of September 13-14, Key was held prisoner on a British ship; in the dawn light he saw the American flag still flying over Fort McHenry near Baltimore, despite a heavy night of fighting. Relieved that America was still withstanding the British attacks, Key wrote his poem. The melody is taken from the English song "To Anacreon in Heaven" by John Stafford Smith (1750-1836). Key's poem was declared the national anthem in 1931.

L'hymne national des Etats-Unis d'Amérique porte le titre de «The Star-Spangled Banner» («La bannière étoilée»). Le texte fut écrit par l'avocat Francis Scott Key (1779-1843) au temps de la guerre anglo-américaine en 1814. Dans la nuit du 13 au 14 septembre, Key était prisonnier sur un navire britannique ; à l'aube, malgré une nuit de combat difficile, il vit que le drapeau américain flottait toujours sur le Fort McHenry près de Baltimore. Soulagé que l'Amérique ait résisté aux attaques britanniques, Key écrivit ce poème. La mélodie est celle du chant anglais «To Anacreon in Heaven», composé par John Stafford Smith (1750-1836). Le poème de Key fut déclaré hymne national en 1931.

Offizieller Name / Official Name / Nom officiel: **United States of America** · Hauptstadt / Capital / Capitale: **Washington**
Einwohner / Population / Population: **290,3 Mio.** · Fläche / Surface Area / Superficie: **9.809.155 km²**